Le blues

Stéphane Koechlin

Le blues

Librio
musique

Collection dirigée par Philippe Blanchet

Ce livre est dédié à Philippe Koechlin (1938-1996), mon père, en le remerciant pour son anecdote sur Janis Joplin.

Remerciements aussi à Chantal et Jacques Perrin, le directeur de la revue de blues Soul Bag.

Préface
de Patrick Verbeke

Portraits au hasard des routes

Passionné de blues depuis les temps héroïques d'une préadolescence boutonneuse et pas si sage que ça, je joue cette musique au quotidien depuis maintenant près de trente ans; c'est ma raison de vivre, mon métier, ma religion, c'est aussi ma philosophie. Je ne suis pas tombé par hasard dans cette marmite bleue; le piano de Memphis Slim, les guitares de Lightnin' Hopkins, de Muddy Waters, de B.B. King ou d'Eric Clapton, les harmonicas de Sonny Terry, de Sonny Boy Williamson et de Little Walter, les voix de John Lee Hooker, de Ray Charles, de Big Mama Thornton, d'Elvis ou... de Gene Vincent, entre autres, m'ont fait succomber dès la première écoute. Ils m'ont apporté tant de bonheur. Ils m'ont ouvert les oreilles et montré le chemin. Dans cette bouillante marmite qui fleure bon le gombo louisianais, les barbecues en plein air des bords du Mississippi ou la plantureuse « soul food » palpitante des ghettos de Chicago, de Houston ou de Los Angeles, je suis allé puiser mes influences. J'y ai nourri mon âme et m'y suis immergé comme un rescapé du désert qui découvre enfin l'oasis inespérée.

Perdus dans un monde austère où l'obscurantisme, l'égoïsme et la violence règnent en maîtres, nombreux sont ceux parmi nous pour qui le blues est apparu comme l'ultime potion magique, l'élixir par excellence, la nourriture céleste du corps et de l'esprit. Nous nous retrouvons lors des concerts, des festivals; nous nous côtoyons dans les rayons des disquaires spécialisés; nous communiquons à travers les magazines, les émissions de radio et les quelques – trop rares – programmes télévisés. Depuis peu aussi, nous échangeons véritablement des idées, des « bons plans », des infos et toutes sortes de projets par l'intermédiaire des très nombreux nouveaux sites consacrés à cette musique sur Internet.

Musique de « losers » pour certains, elle est, pour la majorité d'entre nous, chant de vie et d'espoir, première musique métisse, première « world music »...

Luther Allison me disait peu avant sa disparition tragique en 1997 : « Tu sais, je ne parle pas français, je ne parle pas vraiment bien américain, je parle blues. C'est ce que tu dois faire... Mais pour cela, emploie les mots de ta langue maternelle, c'est avec elle que tu seras le plus à même de transcrire et d'exprimer tes sentiments, surtout en improvisant... » Merci Luther pour tous les conseils que tu as su nous prodiguer, tant sur le plan musical que sur le plan humain. J'espère que là-haut, au paradis des bluesmen, avec Stevie Ray et Jimi, vous vous éclatez à perdre haleine, dans le superbe studio que saint Pierre vous a réservé vingt-quatre heures sur vingt-quatre.

Je n'avais pas attendu les conseils de Luther pour m'essayer, avec quelques-uns de mes potes (Benoît Blue Boy, Paul Personne, Bill Deraime) au blues en français, mais ce précieux conseil du Maître m'a redonné depuis un nouvel élan, un désir encore plus profond de maintenir le blues vivant, avec un pied dans la tradition bien sûr mais sans jamais perdre de vue que l'essence même du blues est d'être en perpétuelle re-création qu'il ne doit jamais rester figé, se laisser enfermer dans des archives ou des musées.

De jeunes artistes comme Ben Harper, Lucky Peterson, Bernard Allison, Larry Garner, Keb'Mo, Anders Osborne, Jonny Lang aux États-Unis, Frank Ash, Harmonica Steve, Rod & the Shotgun ou Karim Albert Kook en France nous révèlent chaque jour de nouveaux horizons bleus.

Gorgée de funk, de swing, de soul et surtout d'authenticité et de sincérité, cette musique fait désormais partie du patrimoine de l'humanité. Elle aborde son deuxième siècle d'existence pleine de « Pride & Joy » – fierté et joie – avec beaucoup de sérénité aussi car si « la route est caillouteuse, elle ne l'est jamais trop longtemps » (*Rocky Road Blues* – Bill Monroe – 1947). Ce n'est d'ailleurs pas un hasard non plus si, en témoignage de notre époque, le bon vieux *Johnny B. Goode* de Chuck Berry se balade sur une disquette à bord d'un vaisseau spatial de reconnaissance... Probablement afin de mieux charmer les éventuels capteurs de planètes lointaines et inconnues.
Merci à Stéphane Koechlin... à toi de jouer.

PATRICK VERBEKE
Paris – La Nouvelle-Orléans, 1999

Prologue

Le gardien de la mémoire nous a prévenus. « La dernière chance de les voir ». Le club des vieillards ouvre ses portes. Je me tiens devant le Nouveau Matin par un soir frisquet de novembre, ce New Morning des Petites-Écuries qui a réussi le miracle : Honeyboy Edwards, soixante-dix-neuf ans, le compagnon du mythique Robert Johnson, jailli du Mississippi ombrageux des années trente. Il sait plein de choses sur la mort mystérieuse, juste avant la guerre, de son ami. Suicide ? Meurtre ? Le voilà, coiffé de sa casquette, vêtu d'une tunique indienne, seul sur la petite chaise dans ce Paris humide, bien éloigné de la jungle moite du vieux Sud, face à un public de Blancs et d'intellos. Tous devinent la force de ce vieil homme qui a survécu à tant d'outrages – pauvreté, racisme, violence – pour renaître, un soir, à l'aube du nouveau siècle, monde inconnu pour lui. Il sait tant de choses et pourtant ne dira rien. Ce soir-là, apparaît une autre étoile, le cousin, Homesick James, quatre-vingt-quatre ans, tout en neige, cheveux, costume, guitare, irradié de cette drôle de lumière que diffusent les saints. Seul le mandoliniste Yank Rachel, quatre-vingt-cinq ans, en bout de course, a jeté l'éponge. Excusé !

Un peu plus loin, je pousse la porte du passage du Nord-Ouest. Un drôle d'endroit, tout azuré, avec des fauteuils en métal très design. Les amateurs y croisent R.L. Burnside, soixante-neuf ans, vieux grognard du Delta, découvrent sur l'écran *Deep Blues*, une balade mercuriale le long du Grand Fleuve.

Nous sommes encore en novembre 1994 ou 1995. On ne sait plus. Le prestigieux guitariste Luther Allison porte le son du Chicago blues. Il établira ses quartiers dans un appartement modeste, du côté de Saint-Cloud. Les États-Unis l'ont oublié mais la France l'a fait roi. Les flambées électriques de Luther, sa voix brûlante chassent les nuages, l'hiver, la morosité. Une ou deux fois par an, il enchante la scène du Petit Journal-Montparnasse, sa deuxième résidence, se jette dans la foule, rit, s'amuse. Encore plus loin, le long des quais, l'un de ces bluesmen exilés, né quelque part en Alabama (sans qu'on sache très bien quand, mais il n'a pas l'air si âgé) lance sa musique aux quatre vents, mollement alangui sur une péniche. Quelques années plus tard, un promeneur croisera, vers Neuilly, Ike Turner, mari de Tina, sorti une nouvelle fois de sa prison de Saint Louis. Invité par le Quai du blues, il musarde en regardant l'eau, serein, même si une violence sourde continue de durcir ses traits. « Vous savez à quoi me fait penser la Seine ? Au Mississippi, évidemment. Elle a la même couleur ici ! » Il y a des jours comme ça où Paris semble magique, fleure bon l'or blanc, le bois d'ébène, quelque chose de particulier. Debout devant le passage du Nord-Ouest, je songe au passé quand, brusquement, j'emprunte ce Chemin vers l'inconnu. Je ne vois plus rien. Nord-Ouest. Sud. Je repense à ces souvenirs du clarinettiste Mezz Mezzrow (*La Rage de vivre* – 1946) qui a peut-être donné de notre musique la plus belle vision, celle d'un hédonisme du printemps. « On s'est drôlement régalés ce jour-là, écrit-il, à ramer au soleil en jouant *Black Snake Moan* et des tas d'autres blues. » Le bonheur tout simple. Je me retrouve dans une forêt, aperçois une lumière, des musiciens aveugles. Une prison, un marais. Je suis au pays du blues. J'y suis, j'y reste... pour l'Éternité !

Chapitre premier

Fleur sauvage

Ce jour-là, il y a quelque chose de trouble dans l'air, un mirage de chaleur qui flotte sur ce quai noir de soleil. La touffeur du Mississippi écrase la petite ville de Tutwiler. Un cornettiste, fils d'anciens esclaves, vient d'arriver, et attend depuis plusieurs minutes l'un de ces trains mythiques dont le blues bâtira la légende. Il verra peut-être le Diamant Vert, celui qui file vers Chicago et le paradis promis, le charmant Dixie Flyer, de retour vers le Sud natal, ou alors le sombre Midnight Special, le train du diable en route pour ces *chain gang* d'Alabama où disparaissent chaque mois des centaines de bagnards noirs. Au coucher du soleil, surgiront le *Red Ball* ou *Cannonball*. Leur sifflet strident perce la nuit. Les Noirs craignent ces deux convois tout en vitesse et longueur qui traversent la campagne dans un grand coup de tonnerre. Le Diable les fait rugir.

Mais pourtant, un silence profond règne. La gare semble figée dans le temps et les rails continuent de flotter au milieu du mirage de chaleur. L'après-midi s'étire, morne, la nuit descend. Neuf heures de retard. L'attente du train ressemble à une quête mystique, presque irréelle. Il va jaillir du noir, déchirer le linceul étendu sur le XIXe siècle finissant.

Enveloppé d'ombres, notre cornettiste s'endort quand il entend une phrase énigmatique : « J'attends là où le Southern croise le Dog. » À la lueur d'une ampoule, nimbé de halo, est apparu un « Noir maigre et dégingandé », vêtu de haillons. Il tend le bras afin de le toucher mais n'y parvient pas. Le visage du chanteur exprime une « tristesse éternelle », il s'accompagne avec une guitare, glisse sur les cordes une fine lamelle d'argent, tirant des sons exotiques, semblables à ceux des joueurs hawaïens. Le jeune William Christopher Handy retrouve dans cette musique, « la plus étrange qu'il ait jamais entendue », ces mêmes airs dont la campagne en Alabama résonnait quand il était enfant.

C'étaient les années 1880. Et le vieux Sud entendait encore l'écho de ces *field Hollers* (crieurs de champ) que la guerre de Sécession avait portés comme le vent. Les cueilleurs de coton esclaves fredonnaient de vieux airs. L'un d'eux haranguait un groupe d'ouvriers qui répétaient en chœur. Déjà, en 1774, le propriétaire blanc notait dans son journal : « Leur poésie est comme leur musique, rude et inculte. » Les maîtres avaient même inventé une expression bien raciste *coon songs* (*Coon* venant de *racoon*, « raton laveur »), en termes élégants, « chansons de moricaud ». Mais nul n'était parvenu à étouffer les personnages fantastiques, les allégories que l'imaginaire noir commençaient à affranchir : Jim Crow (Jim le Corbeau), à la fois oppresseur et victime du racisme, héros d'une comptine de 1829, ou ce John Henry, stakhanoviste africain, dont la légende disait qu'il était mort d'épuisement après avoir essayé de rivaliser avec une machine. Ces figures, sorties de la terre, du vent, de l'or blanc, avaient pris place à côté des Don Quichotte, Pinocchio et autres visages qui peuplent la comédie humaine. Le blues composait sa propre Bible avec ses paraboles, sa morale et aucune ségrégation n'avait pu l'arrêter, il abattrait son Empire romain comme autrefois le christianisme.

Le retard du train, la nuit, l'apparition de ce Noir, et le sentiment d'accéder à un monde étrange fascinent William Christopher Handy qui se rappellera longtemps cette soirée comme un rêve. Le grand Esprit du blues l'a désigné, lui, figure élégante et pétrie de culture, fils de pasteur et ancien élève de solfège à la Florence District School pour Noirs, en Alabama. Malheureusement, il dut apprendre secrètement le cornet auprès d'un chef d'orchestre blanc, décevant ses parents qui désiraient le consacrer à l'orgue et aux hymnes. Envoûté par le profane, notre cher William descendit dans la rue et se mêla aux fanfares noires de la ville.

Revenu du songe de Tutwiler, il écrit en 1909 le premier blues, *Memphis Blues* (qui sera édité en 1912), pour accompagner la campagne électorale d'Edward H. Crump, candidat à la mairie de Memphis. Aux premières notes, la folie s'empare de la cité, et l'orchestre de W.C. Handy, ivre de sons et de couleurs, gagne la célébrité devant des Blancs incrédules. En 1914, le célébrissime *Saint Louis Blues*, classique de l'élite jazz et des fêtes foraines, lui permet de soigner sa postérité. Quand il rend le dernier soupir en 1958, des jeunes gens pleurent celui qu'ils considèrent, un peu abusivement, comme « le Père du blues ».

W.C. Handy a surtout le mérite de répandre à grande échelle la nouvelle expression musicale alors que d'autres grands seigneurs tenteront de s'approprier un blues en vérité orphelin, ayant poussé comme cette *fleur africaine* célébrée par Duke Ellington. Si William Christopher est le technicien du blues, le maître d'école (au point que la ville de Memphis a érigé à sa gloire une statue de bronze), Gertrude Pridgett, dite Ma Rainey, en reste l'âme grégaire, la sage-femme. Pas de statue, d'école mais des rumeurs, des images et un côté épique trempé de bonne lumière sudiste. Sa bouche maquillée de rouge est pavée d'or, comme ses colliers avec des aigles en effigie, et elle porte des tissus lamés argent, des boucles d'oreilles en forme de dollars. Et pourtant, malgré ses parures, la chanteuse Ma Rainey, trapue, le visage aplati, ne suscite pas vraiment le désir. « Il y a deux choses que j'ai jamais vues, lui lance un jour un artiste de vaudeville, c'est une femme qu'est laide et un singe qu'est joli. » Pendant les années dix et vingt, notre « singe », aussi couvert de bijoux qu'un sapin de Noël, animera fièrement, à travers les États-Unis, des caravanes de spectacles – avec acrobates, chanteurs, clowns, montreurs de serpents...

Née en 1888 à Columbus, cette personnalité haute en couleur, lesbienne et mariée à un acteur comique, comprend avant tout le monde que la musique rurale, celle du vieux Sud, peut servir de catharsis à la misère des petites gens. Elle dispute même à W.C. Handy la paternité de la musique. Il a vu un homme en 1903, un guitariste merveilleux, elle, une femme déchirante, un an plus tôt. Elle racontera plus tard à un musicologue ce beau matin de 1902 où une jeune fille, venue de nulle part, se joignit à sa troupe, prit une guitare et chanta son désespoir d'avoir perdu son homme. Elle joua une musique si déchirante que la bonne Ma et ses paroissiens s'en trouvèrent émus. Les spectateurs lui demandèrent : « Qu'est-ce donc que cette musique, Ma ? » Prise d'une inspiration subite, elle répondit : « C'est... C'est du blues ! »

Des chercheurs auraient pu y déceler une allégorie biblique, l'accouplement d'Ève et d'Adam pour enfanter toute cette culture bleue et romantique. Conteuse extraordinaire, infatigable jusqu'au bout de la nuit, Ma Rainey ensorcellera un folkloriste américain, dissimulant son mystère derrière une faconde épicée. Elle racontera qu'après avoir découvert le blues, elle avait décidé sur-le-champ d'intégrer la nouvelle expression à ses spectacles.

Ma et Pa Rainey voyagent au sein des plus célèbres minstrels (les Rabbitt Foot Minstrels), parcourent les villages, surgissent dans leurs costumes magnifiques et s'évanouissent. En 1915, ils présentent un show, *Assassinators Of The Blues*, qui connaît un grand succès. Les tenues chamarrées de Ma, sa rage prolétarienne et les contes qui courent sur elle (on dit qu'elle transporte une malle pleine d'argent), son chant terreux magnétisent bientôt le pays (Louis Armstrong ou Coleman Hawkins se feront un honneur de l'accompagner). Dès cette époque, elle chante le *Chain Gang Blues* (qu'elle enregistrera en 1926) : « Des jours et des jours de tristesse, des nuits et des nuits d'angoisse / Avec aux pieds un boulet et une chaîne, partout où je vais. » Le blues s'engage contre la souffrance tandis que, loin des chaînes, Ma gambade en plein bonheur. Qu'elle célèbre le chagrin éternel, elle y insuffle une vitalité hors du commun dont les témoins parleront longtemps après, au coin du feu.

Une chanteuse de blues ne vit pas si longtemps, et les années de route ont épuisé Ma Rainey qui se retire en 1935. Deux magnifiques théâtres l'attendent en Géorgie. Car elle a peut-être investi sa malle d'or dans la pierre et le spectacle. Elle y passe les dernières années de son existence, et, quatre ans plus tard, l'une des flammes les plus attirantes de la musique s'éteint. Son certificat de décès mentionne un métier qu'on ne connaissait pas à cette artiste d'or et d'ivoire : « ménagère ».

Dans le sillage de Ma Rainey, des dizaines de chanteuses ont épanoui ce qu'on appelle le blues classique (mélange de chants traditionnels, de vaudevilles) tout en éclosant elles-mêmes. Elles arrivent sur scène presque au berceau : Alberta Hunter, né en 1895, monte sur les planches à l'âge de douze ans, Ida Cox et Bertha « Chippie » Hill à quatorze ans, Victoria Spivey commence toute petite à danser dans les saloons de Houston et chantera jusqu'à sa mort. Ceux qui ont vu *Le Kid de Cincinnati* (1965), avec Steve McQueen, s'en souviennent : l'acteur passe devant un bar, il jette un œil à l'intérieur et Victoria est là, le cou décharné, la bouche édentée, gueulant son blues de tripot. Magnifique.

Ces bébés artistes (qui contribueront à immortaliser le mythe de la *blues singer*) deviennent mères plantureuses, corps de femmes nourricières et de la mémoire, chantant les vieux airs blues entendus dans leur campagne profonde. Elles exploitent la passion exotique du moment (et sont largement exploitées), naviguent sur le réseau TOBA (*Theatre Owners Booking Association*), créé au lendemain de la Première Guerre mondiale. Les propriétaires de salles ont bâti une ligne qui relie music-halls des bourgades et théâtres des grandes villes, espérant accueillir des spectacles bon marché, en général le vaudeville noir. Les mauvaises langues ont peu à peu détourné le sens du mot, transformé en « Tough On Black Artists » (Dur pour les Artistes noirs) puis « Tough On Black Asses » (Dur pour les Culs noirs). Car les artistes de couleur y glanent quelques malheureux dollars tandis que la foule se bouscule pour admirer la dernière perle noire. Et les patrons se remplissent les poches.

Mais le TOBA aura le mérite d'engendrer les vocations et d'attirer la plus grande chanteuse, Bessie Smith, l'impératrice qui sacrifiera souvent les caravanes cahotantes des *minstrels* aux théâtres. Née on ne sait pas vraiment quel jour de 1894 (parce qu'en ce temps-là, les bureaux administratifs ne s'intéressent pas vraiment à leur population noire), Bessie quitte un beau matin son père ouvrier, sa famille de sept enfants et une maison insalubre infestée de rats, où l'on n'a pas tous les jours de quoi bien manger et suit la route des Rabbitt Foot Minstrels. On dit que cette illustre compagnie minstrel se serait arrêtée à Chattanooga, la ville natale de Bessie (Tennessee), que Ma Rainey aurait repéré la jeune fille et l'aurait presque kidnappée, couvée de ses yeux jaloux. Et puis, le jeune espoir serait reparti vers la ville. Les folkloristes gloseront sur les relations supposées de ces deux reines sans parvenir à démêler le vrai du fantasme. Une relation mère-fille, peut-être mâtinée de lesbianisme (du côté de Ma Rainey en tout cas).

Bessie a un teint de vanille pure, très sombre, et les Blancs qui préfèrent les nuances caramélisées lui refusent souvent l'entrée des théâtres. Mince, elle finit par s'arrondir, prend à son tour une forme généreuse de génitrice, aux yeux en amande, les lèvres gourmandes, le visage imprégné d'une lumière peu commune. Et pourtant, celle qui sera promue « archétype de la chanteuse blues » et entrera dans la légende doit patienter avant de toucher au sommet.

Au début des années vingt, le chef d'orchestre Perry Bradford tente de convaincre l'industrie phonographique blanche qu'il existe un vaste public noir demandeur et donc un immense marché à conquérir. La chance lui sourit : la jeune chanteuse blanche Sophie Tucker tombe malade, et il parvient à imposer, en remplacement, Mamie Smith, une artiste populaire noire, vedette de la revue musicale Maid Of Harlem.

Le 14 janvier 1920, elle enregistre le premier disque de blues, *Crazy Blues.* Le pari s'avère payant, et le titre se vend à plus de soixante-quinze mille exemplaires. Le blues n'en a pas fini avec sa culture orale, ses histoires à dormir debout, ses mythes funèbres mais il vient de franchir un cap crucial, atteignant au cœur tout ce pays noir, ce monde fantôme aux yeux des Blancs, réveille ces limbes que l'écrivain Ralph Ellison dénoncera dans *Invisible Man.*

Fortes de leur succès, les têtes chercheuses de l'industrie phonographique s'ingénient à débusquer toutes les chanteuses « africaines-américaines », envoient les premiers *talents scouts* à travers le vieux Sud. Les uns publient des annonces locales dans les journaux de province, les autres couvrent les murs d'appels, installent des studios de fortune sur les places de village, sillonnent inlassablement bals et fêtes. Pendant le mois de mai 1921, la maison de disques Cygne noir voit le jour, vouée aux artistes noirs (chants spirituels, sermons, gospel...) et bientôt essentiellement au blues pour satisfaire la demande.

Au milieu de cette effervescence, Bessie Smith a du mal à se frayer un chemin. Elle attire l'attention des *talent scouts* mais certains la jugent trop sombre, trop grossière. Sidney Bechet prétendra qu'il a accompagné l'artiste jusqu'à un studio d'enregistrement, mais qu'elle est arrivée au moment où affluaient des dizaines de chanteuses. Bessie s'est retrouvée égarée, voix parmi bien d'autres. Du coup, elle aurait accordé ses faveurs au jazzman (c'est ce que prétendra toujours Bechet). Quoi qu'il en soit, il faut attendre 1923 pour entendre le premier microsillon de Bessie et voir son étoile briller au sommet jusqu'à incarner à elle toute seule le florilège du blues classique, cette fine fleur de sensualité et d'aristocratie noire rarement égalée : *Blues des bords du golfe, Blues du Cœur qui saigne*, *Blues de Madame la Chance*, et ce *Back Water Blues* où elle évoque avec douleur les crues de 1927, quand le Mississippi laissera deux cent mille villageois sans abri.

Bessie Smith mène sa carrière avec éclat. Accro au gin, le verbe haut, elle manifeste une jalousie excessive et une générosité tout aussi démesurée. Aussi grande et statuaire que Ma Rainey est trapue et vilaine, la jeune fille de Chattanooga se bat contre ses cauchemars au point de balancer un coup de poing à un homme trop entreprenant. L'agresseur la blesse d'un coup de couteau ; elle défie des membres du Ku Klux Klan, les insulte, chasse plusieurs de ces fantômes en aube blanche qui rôdent autour de sa maison. Seul un coup du sort brisera ce caractère, un jour torride de 1937 : la voiture dans laquelle elle voyage se retourne sur une route du Sud, non loin de Clarksdale. Éjectée, le bras arraché, elle saigne abondamment et meurt quelques heures plus tard. Le producteur blanc John Hammond et le dramaturge Edward Albee (auteur du drame *The Death Of Bessie Smith*) lanceront la polémique, faisant de cette mort une allégorie sacrificielle aussi éternelle que le martyre de Lady Macbeth, où se tient une Bessie, tache rouge s'élargissant sur le cœur, étendue dans les bras de ses amis, vaincue par le racisme. Les Blancs auraient refusé de la soigner, les proches de Bessie auraient donc cherché en catastrophe un hôpital « africain-américain », perdant de précieuses secondes. Vérité ou conte apocryphe, cette fin a servi à entretenir la légende, une voix de grâce qui ne s'éteindra jamais et continue de célébrer nos disparus.

« Je me suis réveillée ce matin / quand les coqs appelaient le jour, j'ai tâté l'oreiller à ma droite, mon homme était parti... »

Chapitre 2

Les mauvais gars de la campagne

« J'irai à Chicago ! »

Le grand bluesman texan Blind Lemon Jefferson, né durant l'été 1897, prononce souvent ce vœu. Aveugle de naissance, il aime l'énergie brute et tire parti de sa force herculéenne en défiant ses adversaires à la lutte puis retourne à sa musique, joue dans les rues et les tripots de Dallas un drôle de blues avec une touche de flamenco qu'il a attrapée à la lisière du Mexique. Le voilà à mains nues. Ses battoirs de géant glissent une lame de couteau le long des cordes, produisant un son pleureur. Son œuvre, son style influenceront certains musiciens du Delta, Big Joe Williams mais surtout Lightnin' Hopkins, Howlin' Wolf, T-Bone Walker ou B.B. King. Cet artiste essentiel de la musique, né à la fin du siècle dernier, partira un jour pour Chicago, il se l'est promis.

Porté par le rêve de Blind Lemon, le blues continue son aventure des grands chemins. Les caravanes minstrels ont déposé des sillages lumineux dans l'air du vieux Sud et les grandes voix féminines accompagnent désormais les vagabonds des étoiles en campagne, dont aucun – Patton, Son House, Bukka White, Big Joe Williams – ne pressentira l'importance de leur parcours sur la musique à venir.

L'Amérique se construit, et la route devient de plus en plus dangereuse. Les grands arbres funèbres qui ombragent le Mississippi tombent, la civilisation avance. Irrémédiablement. Les musiciens de blues, en quête d'un cachet, suivent les voies forestières – scieries, dépôts de bois, chantiers d'abattage – et les chemins de fer qui relient ces exploitations entre elles. Ils savent que les cabarets, les clubs poussent comme des champignons, sur la trace des sociétés. On assemble quatre planches pour bâtir une cabane rudimentaire, installe une scène en bois, pousse au fond un vieux piano, et, le samedi soir, les ouvriers viennent s'y divertir, se saoulent, se bagarrent. Les pianistes adoptent le boogie-woogie, style de jeu puissant et rapide qui doit couvrir les hurlements des bûcherons ivres et les insultes. Les musiciens plongent loin dans les forêts ténébreuses, vers ces camps d'exploitation livrés à la violence et à la débauche où se côtoient prostituées et bluesmen. « Imaginez tous ces types avec de grandes bottes de caoutchouc montant jusqu'ici, se rappellera le pianiste Little Brother Montgomery. La plupart avec d'énormes pistolets, des Luger allemands. Ils pouvaient descendre quelqu'un puis on l'enterrait, et le jeu continuait. »

Le long des routes, les *juke joints* répandent toujours leur folie. Les artistes y empochent quelques *cents*. On pourrait voir, à l'époque, un Noir sombre au visage anguleux, les traits marqués, les yeux de braise, animé d'une violence presque fantastique. Sa petite taille lui donne un air intense. Pas un gars commode, ce Charley Patton ! Entre le bandit de grand chemin et le poète libertaire. Paresseux, buveur, bagarreur, courant les putes jusqu'à plus soif et un vagabond de la pire espèce. Sur scène, il cogne sa guitare, la met dans le dos et joue en se contorsionnant, la lance, la rattrape en vol. Ses acrobaties et clowneries enflamment l'auditoire. Il est né dans le Delta, vers 1890, le long de cette ligne de vie, le Mississippi – Tutwiler, Clarksdale, Robinsonville – où tous les artistes noirs, depuis plus d'un siècle, cherchent la note bleue. Charley grandit sur la plantation des Dockery. Son père, un fermier, lui balance des coups de pied aux fesses pour l'obliger à travailler la terre mais ce fainéant lunaire somnole ou s'échappe dans la campagne avec sa guitare. Un certain Charlie Sloan (qui fut peut-être le musicien entendu par W.C. Handy dans la gare de Tutwiler), rencontré sur la route, lui enseigne les rudiments du Delta blues, ce style en forme de volcan, cri primaire hypnotisé par la magie africaine et qui deviendra le cœur vivant de la musique noire. Le chant y est tendu à l'extrême, ses incantations crachent les versets, mis côte à côte dans un désordre surréaliste, de la brûlure des champs de coton à l'ombre des morts, faisant naître comme par miracle l'air du vieux Sud. On y trouve plus une mélopée qu'une mélodie. C'est répétitif, hypnotique jusqu'à la névrose, la transe. Le Delta est une drogue dans laquelle les adeptes voyagent comme des sorciers. Charley Patton a trouvé de quoi exorciser ses démons, une musique aussi hallucinée que lui.

Charley rejoint l'orchestre à cordes des frères Chatmon. Il n'y reste pas longtemps et reprend sa liberté. À l'époque, les Noirs jouent dans les *jug-bands,* fanfares pléthoriques composées de bric et de broc : violon, guitares, kazoo (un peigne recouvert de papier), banjo, accordéon, *jugs* (des cruches aménagées dans lesquelles le joueur souffle) et *washboard* (une planche de tôle ondulée qu'on gratte avec des dés à coudre, l'ancêtre de la batterie). Charley n'aime pas ces groupes ; il préfère cheminer seul, drague, joue, s'enfile de l'alcool de contrebande et se bagarre toujours. En 1931, un rival tente de lui trancher la gorge. Il en conservera une immense cicatrice jusqu'à la fin de sa vie. Le diable est en lui, le pousse à séduire de nombreuses femmes dont il se lasse vite. Une amie l'énerve, il commence à la rudoyer, lui jetant sa guitare à la figure. Parfois, il ne fait que passer, badaud suprême à qui l'on installe le couvert pour une ou deux nuits sans être sûr de le revoir (et peut-être cela vaut-il mieux ainsi). Une femme héberge Charley. Il débarque, séjourne deux jours chez elle et repart, la guitare sur l'épaule. Elle ne le revoit plus jamais.

Monsieur Patton est le « poor lonesome » troubadour dont l'ombre, un peu voûtée, se découpe les soirs de lune sur les collines blanches du Sud et s'évanouit au fond des forêts. Ses blues, pleins de poésie, content sa vie sauvage et ses amours. « J'ai une femme très grande comme un cerisier, écrit-il dans *It Won't Be Long*, elle se réveille avant l'aube et met son chose sur moi. » Comme Bessie Smith, il raconte les crues de 1927 : « Cinquante femmes et enfants ont coulé et se sont noyés, Ô Seigneur... » En public, Charley joue fort, ses paroles disparaissent derrière une faconde barbare, faite de lyrisme et de fureur. « Une bonne partie de ce qu'il disait, Charley... racontera son frère d'armes Son House, même en étant installé à ses pieds, on ne pouvait pas toujours comprendre. »

Le jeu de Patton s'adapte aux ambiances de tripot, le samedi soir, devant un public enivré à l'alcool de maïs et de plus en plus secoué par la colère. Sa renommée traverse le Sud et embrase les contrées plus lointaines, les âmes de deux autres grands musiciens, Big Joe Williams et Bukka White. Eux vivent plus à l'est, dans la région du Mississippi qui touche l'Alabama. Les terres y sont arides et le climat, sauvage. Bukka White, né Booker T – en hommage à un célèbre leader noir qui défendit les droits des minorités après la guerre de Sécession –, y puise son blues primaire, magnifié par ce chant fauve, cet esprit de la nuit à l'univers mortifère que martèle une guitare métallique, aussi puissante que les pulsations d'une locomotive. Un blues de bête humaine. Il faut dire que le père de Bukka a travaillé pour les chemins de fer. « Toute mon enfance a été bercée par les trains, dit un jour le musicien. Il est donc normal que cela ait influencé ma musique... Et puis, mon père jouait, le soir, un peu de violon, et il m'a aussi offert ma première guitare. » Sans le savoir, John White a attiré sous son toit la tentation.

À neuf ans, Bukka fugue, ses parents courent le Mississippi à sa recherche et finissent par retrouver leur fils prodigue que les hasards de la route ont amené à travailler dans une scierie. On le confie à son oncle mais le galopin s'enfuit à nouveau, bien décidé à risquer la grande aventure de sa vie, devenir musicien, et même si sa jeunesse lui interdit l'entrée des blues clubs. À l'aide d'un bouchon brûlé, il se peint de belles moustaches, affirme qu'il a bien plus que ses quatorze ans et parvient à tromper son monde avant d'être reconduit dare-dare chez son oncle. Il veut repartir (surtout depuis que son cher oncle, furieux du bruit qu'il produit la nuit, a fracassé sa guitare), rêve surtout de voir cet homme dont les gens du Sud parlent tant, Charley Patton. Il essaie plusieurs fois de le rencontrer mais, à chaque fois que le mythe se produit quelque part, une foule nombreuse afflue de tous les coins de la ville et lui bouche le passage. Même de loin, la musique du grand maître poursuit Bukka White, le fermier sans éducation à la voix si tempétueuse qu'il devient rapidement lui aussi un grand, créateur de ce blues de l'isolement, unique, où surnagent les archaïsmes de la tradition populaire noire. Après avoir enregistré plusieurs disques sans succès, il mène une existence vagabonde entre Saint Louis, Cleveland et Chicago, travaillant à droite et à gauche, musicien et boxeur, joueur de base-ball...

Pendant toutes ces années, les blues sortent de cet homme rond, costaud et séducteur, des blues bien noirs qui dénoncent le jeu (*Georgia Skin Game*), la névrose (*Sleepy Man Blues*), la maladie et la mort comme celles de sa mère (*Fixin' To Die*). Puis, Bukka White échoue dans la petite ville d'Aberdeen et passe son temps à courtiser les belles. Un jour, un ami vient le voir. « Fais gaffe. Y a des types qui t'attendent dans la rue. Paraît que t'as baisé leur femme. » Bukka répond : « Ouais. C'est un jeune gars. Il est bien plus jeune, alors que la fille a mon âge. Mais qu'est-ce que tu veux faire ? Je suis déjà trop célèbre. Mais y savent pas que j'ai un 38 automatique dans ma poche et que s'ils veulent m'envoyer au trou, je suis prêt à aller à leurs funérailles aussi ! » Il sort à toute allure, le 38 au poing, vise la tête de son jeune rival qui recule, effrayé. Au dernier moment, il incline le canon et presse la détente. Un souffle brûlant passe et l'autre s'écroule, la jambe déchiquetée, hurlant de douleur. Arrêté, le bluesman est envoyé pour deux ans au pénitencier Parchman qui lui inspirera l'un de ses meilleurs blues (*Parchman Blues*).

Un compatriote de Bukka White, Big Joe Williams, a lui aussi jeté son dévolu sur Charley Patton et ne cesse de revendiquer sa filiation avec le bluesman voyou du Delta. Pourtant, Big Joe n'est pas de ce genre. Plutôt un air bonhomme, rigolard, affublé de son éternel chapeau et d'une veste grise qui semble avoir pris toute la poussière de la route (la vision qu'on gardera de lui pendant les années soixante où sa mouvance, sa pose majestueuse de Bouddha fascineront les jeunes générations). Big Joe pourrait être ami avec sa mère Cora tant elle l'a eu jeune (à treize ans) dans la partie orientale du Mississippi, où la terre brunâtre suinte toute l'humidité du grand fleuve. Il se rappellera longtemps cette cabane en bois, non loin de la ville de Crawford, son métayer de père au sang de Cherokee et une famille nombreuse (huit enfants), férue de musique (son grand-père joue de l'accordéon, et ses cousines, du violon).

Dès son plus jeune âge, Big Joe façonne de ses grandes mains ouvrières son propre monde, sculptant ses premiers instruments, une flûte taillée dans un roseau, une guitare confectionnée avec un fil de fer (le long duquel il fait glisser un tube de verre pour en tirer des sons plaintifs), une boîte à cigares et un manche à balai. Il conservera cette habitude toute sa vie, rafistolant éternellement des guitares qui supportent difficilement la vie nomade, la pluie, le vent, les bagarres.

Lorsque les États-Unis commencent à envoyer des troupes en Europe, pendant la Première Guerre mondiale, les Noirs, désireux de fuir leur pauvreté, abandonnent ces terres du Sud où ils souffrent le martyre, rêvant de grandes villes et d'eldorados. Chicago et Detroit se présentent comme deux belles tentatrices. Personne n'a oublié l'offre de l'entrepreneur automobile Henry Ford, en 1914. « Dans mes usines, a-t-il affirmé, mes ouvriers ne gagnent pas moins de cinq dollars par jour. Et je compte bien embaucher des Noirs. J'en fais le serment. » Cette offre excite les populations miséreuses du Sud. Mais les grands propriétaires s'y opposent et n'hésitent pas à lyncher, lapider leurs ouvriers nègres aux envies d'escapade, même à enduire de goudron et de plumes les recruteurs du Nord qui se pointent, la bouche en fleur. Ils sont aussitôt reconduits à la frontière, un pistolet dans les reins.

Big Joe est lui-même emporté dans le grand mouvement, quitte la ferme paternelle et mène, comme beaucoup d'autres, une vie errante, travaille sur des digues, à la construction des chemins de fer, dormant dans des tentes misérables, épuisé après seize heures de labeur par jour, moyennant un ou deux dollars. À la nuit tombante, il prend sa guitare et joue pour les ouvriers saouls et leurs putains, parfois dans les bordels du coin. Il repart, accompagne un moment des troupes ambulantes, les Medicine Shows, arrive en Alabama où il dispense son talent pour un racketteur local, Totsie King. Quelques bagarres l'envoient plusieurs années dans le centre d'hébergement des bluesmen, la désormais célèbre Parchman Farm. Jusqu'à sa mort, Big Joe vivra à la belle étoile, et cet enfant de Charley Patton restera ce musicien de migration qui a construit le mythe du blues. Mais il attendra longtemps avant qu'un bon génie n'immortalise une vie jusqu'alors dévolue à la poussière et aux bordels.

Big Joe promène sa bonhomie vagabonde sous la lune mais un autre, Son House, lui aussi amoureux du prophète diabolique Charley Patton, s'échappe sur les chemins. Il est le beau Noir, portant sa chemise de batiste, le cou enserré par un lacet de cuir. Des rides souriantes creusent sa figure de glèbe. Il conservera toujours, dans un coin de sa tête, l'image de son tracteur, l'objet sacré qui le rattache à la vie, au sang, aux sens, car la nuit l'éclipsera longtemps. Par chance, la vieillesse lui donnera une seconde vie. Son est l'éternel retardataire, l'éternel oublié de la route. Né en 1902 du côté de Clarksdale, il apprend la guitare assez tard en 1927 et parvient à maîtriser la technique du *bottleneck* grâce à un musicien du coin Willie Wilson. Il mène à peu de chose près la même vie que Big Joe : concerts dans les bals, pique-niques, camps de bûcherons... Un matin, ce bon Docteur McFadden qui, à travers l'État du Mississippi, vend ses élixirs miraculeux, engage Son House en le priant de jouer assez fort pour attirer le client.

À l'instar de Big Joe Williams et de Bukka White, le prêcheur blues tombe lui aussi dans la sphère d'influence de Charley Patton mais davantage comme un frère. Le maître violent du Delta l'accueille à bras ouverts, et Son se pâme devant la jeune femme qui l'accompagne, une pianiste noire au toucher boogie magnifique du nom de Louise Johnson. « Eh mec, lui propose Charley, j'ai un contrat d'enregistrement, tu nous suis ? » Et il embarque tout son monde dans une camionnette pourrie, bringuebalante le long de routes, Son s'attache à courtiser la jeune Louise Johnson si bien qu'elle succombe à son preachin' blues. Malheureusement, s'il a gagné une femme, aucun contrat discographique ne rapporte alors assez d'argent, et le succès ne couronne pas toujours les efforts. House sombre, splendide naufragé de la note bleue. En cette année 1928, il séjourne à la « pension de famille blues », le pénitencier Parchman évidemment. Il y passera deux hivers. On dit qu'il a descendu un homme mais on dit tellement de choses.

Dans les années trente, Son House retrouve son cher tracteur. Malgré ses chefs-d'œuvre – *Preachin The Blues Part I* (1930) – il est resté pauvre. Son chant déclamatoire, vibrant, hérité des prêcheurs, reste une promesse pour quelques amateurs éclairés.

Pas vraiment conscient de l'effervescence et des vocations qu'il a provoquées, Charley Patton n'a pas ralenti son rythme de vie. Semant les petites amies comme de la bonne graine, il a emménagé avec Bertha Lee, cuisinière chez des propriétaires blancs, la frappe une fois par jour, l'accusant de l'affamer. Mais elle lui répond coup par coup. Un producteur les déniche dans une petite ville du Mississippi. Les deux amants ont été emprisonnés à la suite d'une bagarre. Il les libère et les emmène à New York tandis que la santé de Charley décline. Il sent la mort venir et, dans *Poor Man*, chante : « La lune est belle ; elle brille à travers les arbres ; je vois Bertha mais elle ne me voit plus. » Épuisé par l'alcool et les nuits blanches, il s'éteint le 28 avril 1934.

Charley a déposé bien des légendes dans les prairies du vieux Sud. Quelques années avant sa mort, lui et Son House ont vu arriver un autre candidat au trône tant convoité de prince du blues noir, un jeune homme au sourire angélique. Il leur a joué un morceau. « Mauvais ! » a dit Patton. « Tu sais pas jouer. » Son House a ri : « Il était pas mauvais à l'harmonica. Y nous suivait partout et il aimait pas travailler. Spécialement dans les champs. Il avait l'habitude de s'asseoir en face de moi et observait mes mains. Après, il prenait ma guitare et essayait d'en jouer. Il produisait des sons vraiment horribles. Je lui demandais d'arrêter avant que les gens ne deviennent fous et ne s'enfuient. »

Devant ces ricanements, Robert Johnson, désespéré, fait sa valise et quitte la région du Delta, non sans avoir crié à l'adresse de Son House et Charley Patton : « J'reviendrai ! Pouvez être sûrs ! j'reviendrai ! »

Ils apprennent qu'il est toujours dans le coin, marié, qu'il a voyagé à travers le Delta, regagnant sa ville de Hazlehurst. Un soir, Willie Brown et Son House jouent dans un bled appelé Banks, près de Robinsonville. La porte du fond s'ouvre, et Johnson entre, une guitare se balançant dans son dos.

— Regarde, dit Son House à Willie, qui vient d'entrer.

Willie se frotte les yeux :

— Oh, Little Robert !

— Et il a une guitare !

Tous les deux éclatent de rire. Mais Johnson fend la foule et vient se planter au pied de la scène.

— Tu t'es procuré une guitare, garçon ? demande Son avec un sourire ironique. Qu'est-ce que tu fais avec cette chose ?

Robert ne se démonte pas.

— Est-ce que tu peux me laisser ta place sur scène une minute ? demande-t-il.

— Bien sûr. Mais tu serais bien inspiré de faire un truc pas trop mauvais, répond Son en jetant un œil entendu vers son complice Willie Brown.

Johnson monte, s'installe et commence à jouer. Les premières notes tétanisent Son House. La musique est si lumineuse, si hantée que le public se recueille dans cette étrange liturgie. « C'était si bon, mec, racontera Son House. Tout le monde en resta bouche bée. Il avait progressé si vite. Il était vraiment bien parti. Incroyable ! »

Les rumeurs vont alors bon train. Les Noirs voient en Robert Johnson un magicien, Son House est lui-même convaincu qu'il a pactisé avec le Diable en personne. Le guitariste Johnny Shines, plein de superstitions et de croyances, a déjà prêté des vertus surnaturelles au chanteur Howlin' Wolf, grande voix blues de la tradition primitive aux accents rocailleux. Pour un peu, certains prédicateurs préparent déjà les bûchers pour brûler les sorciers dans ce Sud très mystique des années vingt ou trente.

Johnny Shines piste Robert Johnson le long de cette ligne de lumière mississippienne où la renommée du miraculé se met à croître démesurément. Saint Louis, Chicago, bientôt New York lui rendront grâce. La rencontre entre Shines et Johnson a lieu à Helena (Arkansas) au milieu des années trente. « Je n'avais jamais vu un guitariste aussi bon, confie-t-il. Il faisait des choses que je n'avais jamais vues, et je voulais les apprendre. » Tous deux parcourent la campagne, voyagent par le train, le bus, ou sautent dans la benne d'un camion. Ils arrivent dans une nouvelle ville, jouent à l'angle d'une rue ou devant le local d'un barbier, dans les squares et les restaurants. Johnny Shines frotte ses vêtements crasseux, encore recouverts de la poussière de la route tandis que Robert Johnson paraît s'être lavé la veille, toujours propre comme un ange. « Rien ne l'atteignait, et il pouvait jouer de tout, s'émerveille Shines. Ragtime, style country, polka, chansons populaires, hillbilly, valses. » Johnson court comme pressé par un temps si fugitif. Un jour, devant toutes ces rumeurs de magie, il réunit quelques amis au coin d'un bois. Pendant qu'il parle sous l'ombrage, on voit le bout incandescent des cigarettes danser dans l'obscurité des arbres. Et il raconte sa légende, celle qui traversera son chef-d'œuvre *Crossroad*, ouvrant l'abîme où l'entraîneront tous les démons de l'harmonie. Il se promenait seul dans les champs du Mississippi, non loin de Clarksdale par une nuit sombre. Il se perdit à un carrefour, commença à s'endormir quand une bise fraîche le réveilla. Au-dessus de lui, se tenait une ombre immense avec un long chapeau. Il ne parvint à distinguer son visage et demeura immobile, effrayé. Sans un mot, l'apparition se pencha, prit sa guitare, l'accorda, joua quelques notes divines, lui rendit l'instrument et s'évanouit dans le vent noir du Sud. Les « Africains américains » l'écoutent avec fascination. Certains pensent qu'il a rencontré Legba, le dieu du vaudou africain.

Une ombre religieuse s'étend sur le Mississippi et les autres régions. Comme Ève, le pècheur a croqué dans la pomme. Et le vieux Sud craint de subir la nuit la plus longue de son histoire d'autant que Robert Johnson poursuit une autre quête mystique. Son père. Il ne l'a pas connu et le cherche, lui enfant d'une famille nombreuse. Il y a bien longtemps, débarqua dans leur ferme un vagabond affamé du nom de Noah Johnson. En l'absence de son mari, la maîtresse de maison l'accueillit, lui donna à manger et s'enticha du pauvre hère puis Noah disparut et personne ne le revit. Mais la jeune femme garderait de cette brève liaison un souvenir, Robert Johnson, et un artiste insatisfait qui commence à imaginer ses premiers blues d'une longue série : *Terraplane Blues, Come On The Kitchen, Sweet Home Chicago, Love In Vain...* La nuit, Little Robert se réveille en sursaut, mort d'angoisse. Sous le rideau de toile que le vent gonfle devant ses fenêtres, il croit apercevoir le Diable et sent que la mort viendra un jour le chercher avant son heure.

« J'irai à Chicago. »

Il tiendra lui aussi sa promesse comme le grand Blind Lemon Jefferson arrivé un jour de 1926 sur la terre promise avec armes et bagages et qui vivra quatre fécondes glorieuses, quatre années de lumière et de gloire éternelle.

Chapitre 3

Sweet Home Chicago

À la fin de 1929, la Grande Dépression frappe au cœur l'Amérique : les banques s'effondrent, les usines ferment et les faillites succèdent aux faillites. Des vagabonds sautent dans le premier train de marchandises qui traverse leur village et se laissent emporter au hasard, espérant trouver du travail. Les ouvriers noirs fuient les plantations, et leurs regards se tournent vers les grandes villes du Nord, Detroit, Chicago – la Mecque. Des milliers de travailleurs remontent ainsi jusqu'aux grands lacs, persuadés de ramasser l'or à pleines mains. Parmi eux, beaucoup de bluesmen, mi-paysans, mi-artistes, cherchent de quoi subvenir à leurs besoins. Le circuit des théâtres indépendants (TOBA) n'a pas résisté au krach, et les caravanes minstrels disparaissent sur le bord de la route, vaincues par la crise, comme une utopie fugitive. Dans cette nature étoilée où l'ange Robert Johnson commence à laisser des constellations, les musiciens exploitent la légende, fidèles à ce blues rural et pourtant le regard de plus en plus orienté au nord, là où le soleil semble se lever sur une Amérique dévastée.

À Clarksdale, les policiers attrapent un groupe de jeunes Noirs qui traînent le long de la route.

— Où est-ce que vous allez comme ça, les gars ?

— À Memphis. Et de là, nous voulons partir pour Chicago ! répond celui qui, âgé de treize ans, semble pourtant le plus mûr.

— Comment t'appelles-tu ?

— Willie Dixon !

— On vous embarque, les gars !

— Et pourquoi ?

— Pour vagabondage !

— Mais tout le monde vagabonde.

— C'est pas notre problème !

Le jeune Dixon et ses amis sont condamnés à trente jours de

« cage ». Direction, la Harvey Allen County Farm. Un homme de loi file à chacun un vêtement rayé, leur met des fers autour des chevilles, et, pendant de longues heures sous le soleil, les prisonniers doivent creuser un fossé. Les semaines passent. Au bout de trente jours de travail harassant, Dixon proteste.

Un jour, les contremaîtres battent un homme à mort qui pisse le sang en le traitant de « sale Nègre ». Le jeune Willie, choqué, n'oubliera jamais cette vision. Le soir, il entend les trains gronder, et il rêve.

Deux mois après son arrivée à la prison, profitant de la sieste des chiens, Willie Dixon vole une mule et plonge avec l'animal dans la Yazoo River. La liberté et la Cité des Vents sont au bout du chemin.

« J'irai à Chicago. » Ce vœu de Blind Lemon Jefferson, le guitariste Bill Broonzy l'a déjà accompli au début des années vingt. Débarqué un beau matin avec son sac, il investit les *rent house parties*, les clubs de la grande ville, remporte avec la volonté du désespoir des concours de guitare, gagnant à chaque fois des bouteilles de gin. Immigré du Mississippi, celui qui s'est fabriqué un violon avec une boîte à cigares à l'âge de dix ans brûle d'un feu sacré et veut devenir le plus grand bluesman. Il désire surtout prouver la grandeur du blues, son unique richesse, lui qui n'est jamais allé à l'école et sait à peine écrire.

Le Tout-Chicago apprécie Big Bill car il aime boire, s'amuser avec des femmes, et raconter son monde déjà ancien, comme dans son merveilleux livre oral, *Big Bill Blues* (1955). On l'apprécie. Il a travaillé sur les chantiers de digues, les voies de chemin de fer, dans une épicerie, se forgeant toutes sortes d'amitiés solides, le guitariste John Estes, celui qui « chantait pour diriger notre travail » et « pleurait littéralement le blues ». Un jour, le chanteur se tut. Big Bill, les autres ouvriers et le contremaître blanc se tournèrent vers Estes. Il s'était simplement endormi et venait de gagner un surnom : « Sleepy » John Estes. « John avait une femme dans le camp, dira encore Bill Broonzy dans le chapitre sobrement intitulé *Mes Amis*, que nous appelions Marie la Pleureuse, parce qu'il la battait presque chaque jour. Il y était bien obligé, d'ailleurs. Sinon, elle ne fichait absolument rien, tandis qu'après avoir été battue, elle faisait les meilleurs gâteaux et biscuits... »

Broonzy est de la race des taureaux, enfant suprême de cette société d'avant-guerre, archaïque et régie par la loi du plus fort. Ses blues transpirent le labeur et le racisme de l'époque : « Ils achetaient tous de la bière et du vin / Mais ils refusèrent de m'en vendre » (*Black, Brown And White*). On lui pardonne sa misogynie : « Mais s'il m'arrive d'avoir une autre chance de me marier à nouveau / Je m'achèterai un bouledogue / Parce qu'un chien est le meilleur ami de l'homme », chante-t-il dans *Partnership Woman.* Sa musique tonique, marquée par la violence, trahit l'envie de mener une vie meilleure, un positivisme qui lui vaudra beaucoup de popularité aux États-Unis et ailleurs. En 1924, il prend la direction des studios de Chicago, ramassant quelques dollars pour des disques pressés à la va-vite et au début introuvables.

La ville est dangereuse mais pleine de lumières, de vertiges. L'immigration a commencé bien avant la Grande Crise, depuis ce jour de 1905 où le Pekin, dressé sur la 26e State, se flattait d'être le « seul théâtre nègre de la ville ». Le public blanc y découvrait au Palladium Dance Hall le grand King Oliver et la chanteuse de blues classique Bertha Hill, un peu plus loin, au Monogram Theatre, Alberta Hunter. Elles ne sont plus seules. Big Bill Broonzy et puis d'autres sont arrivés. À la fin des années vingt, l'amateur éclairé peut s'éloigner du centre, dériver à ses risques et périls le long du chemin de fer de l'Illinois Central, dans le ghetto noir. La nuit lui révèle des maisons disposées en gradins, certains baraquements ressemblent à des puits sans fond, cachant des taudis où s'entassent des familles nombreuses. On lui a dit que le grand maître du Piedmont blues Blind Blake jouait là-bas. Il aura du mal à trouver les clubs borgnes, coincés entre deux venelles coupe-gorge. Ce dédale de rues crasseuses et sombres abrite le grand pianiste Clarence Smith et son gang de « *boogie players* » à la vivacité de lucioles. Mais il faut franchir cette frontière, atteindre un blues sans lustre théâtral qui combine sauvagerie des premiers temps et fureur urbaine. Jimmy Yancey, son boogie mâtiné d'influences espagnoles, Meade « Lux » Lewis, créateur du fameux *Honky-Tonk Train Blues*, et Albert Ammons, tous deux chauffeurs de taxi le jour, et pianistes spectaculaires la nuit, partagent l'appartement de leur maître Clarence. Les bluesmen de cette époque sont à moitié saints, à moitié criminels. On dit que Bukka White aurait du sang sur les mains, que le roi de la *slide guitar*, Kokomo Arnold, trafique de l'alcool de contrebande ; venu chercher fortune à Chicago, le guitariste Blind Arvella Gray joue dans le marché aux puces de Maxwell Street. Il a reçu un coup de feu au visage qui l'a laissé aveugle et traîne désormais son blues à la belle étoile sans la voir. C'est la course vers le Nord, entre misère et rêve.

Un soir de 1929, Clarence « Pine Top » Smith joue dans un bouge enfumé et bruyant où la foule des travailleurs se bouscule, picole et se frictionne. On dit que ce musicien a inventé le boogie. En vérité, il a utilisé le mot dans un blues, *Pinetops Boogie Woogie.* Au fond de la salle, une bagarre éclate, et la foule ivre se projette comme une vague vers la scène. Des coups de feu éclatent. Clarence Smith qui a continué à jouer, égaré dans son monde, reçoit une balle perdue, en pleine nuque. Il a vingt-cinq ans, et l'histoire ne gardera que sept morceaux enregistrés. Sept petits joyaux. Autant dire rien, et pourtant une influence remarquée sur la musique.

Chicago compte ses martyrs. Le Texan Blind Lemon Jefferson a enfin accédé à la grande cité du Nord et décroché les lauriers après quatre années riches en chefs-d'œuvre – *Blake Snake Moan, Jack O'Diamonds, Mosquito Moan, Prison Cell Blues, Crawlin Baby Blues...* Chicago l'a reçu comme un prince et, en ce jour de grand hiver 1929, il festoie chez des amis. Dehors, la neige tombe d'un ciel noirci de brume et de ténèbres, il fait froid. Tard, Blind Lemon quitte la soirée. Quelqu'un se propose pour le raccompagner mais il décline l'invitation, fier de dire qu'il connaît le chemin par cœur. Dehors, une pesanteur de gel lui saisit les chevilles, la ville des Vents s'est recouverte d'une blancheur si irréelle et intense que Jefferson, pas si chaudement vêtu, pourrait presque la voir. Le froid s'engouffre dans son col, il tâte avec sa canne le vide, tourne à droite puis à gauche, à droite ou... Il ne sait plus, commence à paniquer. Les flocons lui brûlent les mains, un vent âcre le paralyse. Il accélère le pas, appelle au secours mais personne ne l'entend à travers cette ville déserte où les sons, ses propres halètements s'éloignent comme étouffés. Le silence l'a emmuré dans ce labyrinthe blanc dont ses yeux morts lui ont dérobé la clef.

Le lendemain, on retrouve son corps à moitié enseveli par la neige, nappé de son manteau gris comme un linceul. Mort de froid. La légende exploitera tout de suite cette chute solitaire d'un bluesman aveugle dans la monstrueuse métropolis ganguée de glace.

Certains meurent au Nord, d'autres connaissent une deuxième naissance. Chicago et toute l'industrie phonographique ont aussi souffert de la Grande Dépression. Des producteurs flairent pourtant le bon coup. À Chicago, Lester Melrose, l'ancien pompier qui, plusieurs années auparavant, a déjà sorti de la chrysalide le grand jazzman Jelly Roll Morton, est de ceux-là. Il sculpte et discipline le blues, tentant au début de dompter et de préserver cette fleur sauvage qui a poussé en désordre sur les champs du vieux Sud, ce miracle d'esclaves sentant la glaise et l'orage. Melrose convoque le phénomène des House Rent Parties, Big Bill Broonzy, alors employé dans une épicerie, et l'invite à graver quatre de ses morceaux : *Date With An Angel Blues, The Walking Blues, Big Blues n° 2* et *House Rent Stomp n° 2.* Il s'agit bien d'un rendez-vous avec un ange blues tant cet artiste pionnier ouvre des horizons, adaptant pour la première fois le vieux blues rural à la sophistication urbaine. Melrose ne s'arrête pas en si bon chemin, et lui-même connaît sa meilleure période. Au cours des années trente, il permet aux vagabonds du Delta d'enregistrer, parfois tardivement, leurs compositions : Big Joe Williams révèle son chant d'amour (*Baby Please Don't Go*), Bukka White, Memphis Minnie, la musicienne des rues, le guitariste slide Tampa Red font entendre leur rage. Parmi eux, Sonny Boy Williamson, le bègue du Tennessee au jeu dynamique, déploie toutes les possibilités de l'harmonica, le place au cœur du blues. Melrose a tout de suite repéré ce génie qui associera bientôt la ruralité et un swing véritablement moderne, tout cela avec un pauvre instrument de bouche. En 1937, Sonny grave son chef-d'œuvre, *Good Morning Little School Girl*, et annonce une nouvelle ère.

Assis sur son trône, Melrose commence cependant à susciter les critiques. Victime du succès, il produit bientôt à la chaîne, sans se soucier de la qualité, réutilisant les recettes qui ont marché.

Et pourtant, la fleur bleue fascine, embaume toujours certains artistes et d'autres producteurs, francs-tireurs indépendants qui parcourent l'univers musical, guettent la dernière merveille du monde. Plus romantique dans une certaine mesure que Melrose et indifférent au succès public, le riche producteur new-yorkais John Hammond révélera deux pans de la musique américaine, Billie Holiday et Bob Dylan. Et il aime les grands coups. En 1938, il organise à New York les légendaires concerts « From Spiritual To Swing » au Carnegie Hall, y invite un harmoniciste aveugle, encore peu connu, Sonny Terry, le gang des « boogie players », l'oublié Meade « Lux » Lewis, dont la trace s'était perdue. Par chance, ses enquêteurs l'ont retrouvé... laveur de voitures dans un garage de Chicago. Mais Hammond désire surtout présenter, au milieu de ce cadre prestigieux, parmi le florilège noir, le mythique Robert Johnson. Sûr qu'il ne le bridera pas et laissera à l'artiste sa part d'ombre, le meilleur de lui-même. « Cherchez-le-moi ! Je vais lui offrir un beau contrat ! » Ses agents se renseignent, fouillent le vieux Sud et lui rapportent la nouvelle : Robert Johnson est mort depuis plusieurs mois. Crucifié comme un saint dans un club nommé Three Forks, à quelques miles de Greenwood (Mississippi). Ce soir d'août 1938, un nommé Ralph apporta des bouteilles à Honeyboy Edwards, le fidèle compagnon de Little Robert. « Johnson traîne quelque part dans la région avec sa femme, lui dit-il. Je lui ai apporté un peu de whisky pour le concert de ce soir. » C'était une nuit comme les autres : la foule, la fumée, les cris et une salle étroite, noyée de ténèbres. Johnson, arriva tard et se plaça aux côtés d'un certain « Sonny Boy Williamson », harmoniciste (mais il ne s'agissait pas du maître de Chicago, peut-être un imposteur). Les deux musiciens avaient remarqué les visages fermés des employés du juke. Ils jouèrent un blues virulent, provocateur, chauffant une ambiance déjà survoltée, parmi toute cette populace bleue et noire dont on n'apercevait que les yeux fantasmatiques. Un serveur passa aux musiciens deux pintes. Johnson s'apprêtait à boire une gorgée quand Sonny Boy boxa violemment le verre qui alla s'écraser sur la scène. « Mec, bois jamais dans une bouteille ouverte. Tu sais jamais ce qu'il peut y avoir dedans ! » Johnson lui jeta un regard chargé de haine. « T'avise plus de virer de ma main un verre ! » La fumée et la nuit libéraient toutes les hallucinations de l'ivresse délirante, serpents, chats, morts, on se battait au fond, une sorte de perversité agitait la cohue *nègre* au pied de la scène. À une heure du matin, devant un public chaviré, Johnson s'épongea le front, il avait l'air malade, l'œil fiévreux. Il descendit de la scène et s'effondra, ployant sous la douleur qui lui serrait l'estomac. Des musiciens le sortirent du club et l'emmenèrent chez un ami. Il souffrait et, pendant plusieurs jours, délira, hurla. Sa résistance, sa fougue lui permirent de reculer au maximum la mort, cette strychnine qu'on avait glissée dans son verre. Il mourut le 16 août 1938. Son corps fut transporté et enterré dans la campagne, parmi les cadavres de ces musiciens errants, tombés le long des routes, et pour lesquels on creusait des tombes rudimentaires. La région du Mississippi accueillait plein d'ossements merveilleux.

Cette disparition matérielle a libéré l'âme du mythe que même un Lester Melrose ne peut emprisonner et qu'un John Hammond conserve précieusement en vie.

L'âme de Johnson hante désormais le blues de Chicago dont une nouvelle invention accélère bientôt la destinée. Au moment où meurt le Faust noir, plus à l'Ouest surgit un longiligne artiste à la veste anthracite et aux doigts agiles, T-Bone Walker, un nomade doué de plusieurs vies qui a traîné avec les *female blues singers* des années vingt, Ida Cox et Ma Rainey, fréquenté Blind Lemon Jefferson, les grands orchestres de jazz et écouté le brillant technicien de La Nouvelle-Orléans, Lonnie Johnson. Les rumeurs prétendent qu'il aurait, dans un club de Los Angeles, Little Harlem, étrenné un drôle d'engin : la première guitare électrifiée, inventée en 1931 par la société Rickenbaker. Cinq ans plus tard, la marque Gibson propose une version améliorée de l'instrument, le blues et toute la musique basculent dans la modernité. Les pionniers qui maîtrisent la nouvelle énergie s'appellent Eddie Durham, Charlie Christian, le jeune prodige du jazz, et notre T-Bone Walker, porté vers le blues, qui, dès 1934, électrifie sa musique mais sera le dernier des trois à l'enregistrer (seulement après 1939).

Avec son look de dandy, ses manières précieuses, T-Bone occupe une place à part dans le monde du blues, grâce à sa musique très stylée, sa technique chaloupée et aérienne, ses liens charnels avec les orchestres swing (il a joué pour Cab Calloway). Son blues exhale un parfum côte Ouest, d'atmosphère alanguie due à son passage prolongé autour de Los Angeles, et il conservera cette décontraction jusqu'à Chicago où le bluesclub Rhumboogie révèle son génie. Il imposera son fameux riff (courte phrase d'introduction musicale répétée plusieurs fois de suite) dont s'inspirera l'initiateur du rock Chuck Berry. Beaucoup d'autres musiciens (Freddie King ou Eric Clapton) l'écouteront. B.B. King, l'un des maîtres du blues d'après-guerre, lui empruntera un peu de son velours et Jimi Hendrix apprendra beaucoup de ce brillant showman qui, sur scène (quelques années après Charley Patton), joue, guitare dans le dos, et fait le grand écart. Son fantôme vagabonde encore aujourd'hui, en transparence derrière les enfants du blues-swing actuels, de Duke Robillard au virtuose Clarence Gatemouth Brown, né en 1924, qui souffrira longtemps de l'ombre portée par le grand T-Bone avant de toucher, tardivement, à la gloire. Aujourd'hui, personne n'a oublié *Call It Stormy Monday* ou *T-Bone Blues,* et les réentendre revient à admirer sa manière précise de poser les notes pour en tirer le maximum de lisibilité et de swing.

T-Bone Walker, chanteur à la voix un peu voilée, débarque à la faveur des *blues shouters* (hurleurs de blues). Les grandes formations de jazz, au début des années quarante, mettent en avant des chanteurs doués d'un bon coffre, capables de surmonter le barrissement des cuivres et de mener brillamment le swing : Jimmy Rushing ou Jimmy Witherspoon. Du côté de Kansas City, un géant noir essuie les verres au fond du bar. Il a décroché ce boulot après la mort de son père. La plonge, le service... Rien de très folichon. Heureusement, ici, les nuits n'ont pas de limite. On discute, on rit, on joue jusqu'à potron-minet. Souvent, le patron du café guette son meilleur client. Il a l'habitude de débarquer assez tard, se dirige vers le piano et lance la sarabande. « *Come on Pete !* », crie Big Joe derrière son bar, avant de jeter son tablier et de venir chanter. Big Joe Turner et le maître du boogie, Pete Johnson, ont rejoué l'alliance de la terre et de l'eau, du taureau et de l'elfe. Les clients apprécient, se pressent aux portes du bar. L'un des plus fameux chanteurs naît ici, à la faveur d'une rencontre, si efficace que Big Joe abandonne le service pour la vie exaltante de musicien et devient, au cours des années trente, la voix la plus tonnante du blues – lourde, rauque mais toujours claire –, évoluant, devant Count Basie, Benny Moten et d'autres grands chefs d'orchestre, au carrefour du boogie, du blues, du rhythm and blues, vers le rock. Big Joe Turner, aidé par cette voix de plomb et sa vigueur exceptionnelle, insuffle très tôt cet esprit de libération, bien avant l'arrivée de la musique noire de danse (appelée rhythm and blues). La nouvelle génération puisera beaucoup dans son œuvre, à commencer par le pionnier du rock Bill Haley qui reprit son *Skake, Rattle and Roll* (publié une première fois en 1954). Né à Kansas City, souvent en visite à La Nouvelle-Orléans et à New York, le Gros Joe, comme T-Bone Walker, laissa des traces durables de son blues-jazz musclé.

En 1940, le rusé Lester maîtrise la totalité des enregistrements blues de la Windy City. Pendant ses dix années de règne, il définit le son d'un Chicago blues électrique, créant le « Melrose Sound », une idée bien arrêtée de l'orchestration avec une structure – basse, guitare, piano, harmonica, éventuellement un saxophone – qui constituera le ciment du rhythm and blues et du rock et dont il usera, abusera sans se soucier de la personnalité de chaque artiste. L'arrivée de T-Bone Walker et des *blues shouters* a cependant plombé son système.

Son obstination ne l'empêche pas de découvrir, en 1946, le Big Three Trio, groupe de blues vocal original mené par Willie Dixon, un homme à la forte carrure que le Tout-Chicago commence à courtiser. Cet ancien boxeur, issu d'une famille pauvre du Mississippi, a visité de nombreuses villes, dormant dans les parcs avec les autres vagabonds, a travaillé sur les bateaux, déchargeant les sacs de coton, s'est nourri des déchets des marchés pour survivre. Il aime à raconter, mi-dégoûté, mi-amusé, comment, lors de son premier séjour en prison, à douze ans, une femme obèse l'a déniaisé. Elle avait l'habitude de s'offrir à tous les prisonniers et avait jeté son dévolu sur lui. On disait qu'elle avait provoqué la mort d'un homme. « Ce fut humiliant et cela m'a détourné de la chose pendant un bon moment. J'ai pensé que les femmes lui ressemblaient toutes. »

Lorsqu'un ami offre à Dixon une grosse basse à une corde, il laisse aussitôt tomber ses gants de boxe et s'adonne à la musique. Ses aventures lui ont donné une foi et un esprit affûté, aussi malin que Melrose et prêt à lui marcher sur la tête à la première occasion.

Willie Dixon règne bientôt sur Chicago avec la sagesse et la tranquillité de cette mule qui le mena un jour dans la Yazoo River (et même si son maître dut l'estourbir parce qu'elle faisait trop de bruit). Le blues la remercie encore.

Chapitre 4

Les aristocrates du blues moderne

Tous les chiens errants du blues, échoués à Chicago, se sont donné rendez-vous dans l'appartement du guitariste Tampa Red, sur la 35e Rue. Big Bill Broonzy, le pianiste Memphis Slim, Sonny Boy Williamson ou le chanteur Big Maceo bambochent sans retenue, répètent, dorment, se chamaillent. « C'était devenu une maison de fous peuplée de vieux musiciens, écrira Willie Dixon dans ses Mémoires simplement intitulés *I Am The Blues* (1989). Lester Melrose buvait comme un trou tandis que la femme de Tampa Red nous cuisinait du poulet et qu'on n'arrêtait pas de se marrer. » À côté, se dresse la Melrose Bank. Tout le monde croit qu'elle appartient à ce bon Lester.

Dixon, fier de son succès avec le Big Three Trio, commence à titiller le maître. « La plupart de tes trucs, Mel, sont des blues en douze mesures qui sonnent exactement pareil, juste un nouveau couplet sur la vieille mélodie, tu sais ? » Melrose boit une grande gorgée de whisky. Il est ivre et lâche avec une voix de rogomme : « Va te faire foutre, Willie, ton avis change rien de toute façon. »

Willie songe à intégrer l'harmonica électrique après avoir entendu le merveilleux Sonny Boy Williamson. « Melrose a des instruments électriques mais continue de les faire sonner d'une manière acoustique. » Sonny Boy suit le bon chemin, extirpe le blues moderne de sa chrysalide. Dixon le regarde et plus il écoute ses classiques – *Sugar Mama Blues, Early In The Morning, Bluebird Blues* –, plus il imagine le monde de demain. L'homme a délaissé toutes les sonorités rurales, chante dans son harmonica, tire de puissants riffs, et a bâti autour de lui une assise rythmique moderne – piano, basse, batterie – qui rend le son Melrose si désuet. Finement moustachu, le sourire éclatant, habillé d'une veste grise et d'une chemise noire, Sonny Boy est LA musique et en même temps une âme pure. On le rencontre souvent dans les bars après un concert. Il paie à boire et à manger à qui veut bien. Il rit, l'argent lui file des mains. Quand il rentre au fin fond de la nuit, l'esprit vaporeux et les poches vides, Sonny Boy a perdu tout ce qu'il a gagné en jouant. Peu importe : il apprécie la vie et c'est encore mieux.

Les jeunes de la région ont entendu parler de sa belle longanimité et ne cachent pas leur désir : pénétrer l'intimité de Sonny Boy et de celle qu'il a tant honorée dans ses blues, sa femme Lacey Belle. Beaucoup gagneront l'amitié du couple, beaucoup de musiciens en herbe venus solliciter quelques conseils. L'auteur de *Good Morning Little School Girl* offre l'hospitalité sans compter et dispense généreusement de petits secrets techniques. Willie Dixon l'aime, tout le monde l'aime. Sonny Boy croise-t-il la route d'un guitariste inconnu, Muddy Waters, notre Samaritain l'encourage aussitôt à persévérer. On va chez lui comme on va chez un père afin de prendre un peu de son humanité. Le Seigneur vacillera une fois aux portes de la nuit. Dixon aurait pu reconnaître cette folie qui enténèbre depuis le début du siècle l'ego des bluesmen, même les plus solaires, et les mène à l'abîme. Sonny Boy apprend qu'un imposteur, dans le Sud, se fait passer pour lui et décide de partir à sa recherche, l'arme au poing. Des amis l'en empêchent. Sonny Boy n'ira pas rendre sa justice et reprend sa vie fantasque : femmes qui dansent sur les tables et guettent un baiser du musicien, whisky à profusion, rires en cascade. Mais trop de brillance réveille les prédateurs des bas-fonds. On se prend à vouloir posséder cette petite chose dorée que Sonny tient précieusement, escamote comme un bâton de fée, l'harmonica. Un soir de printemps 1948, il rentre, les poches vides selon son habitude. Il a gagné un paquet d'argent et tout claqué dans l'heure et, en plus, l'ivresse lui chauffe le cerveau. La population a déserté les rues, la nuit se balance bizarrement devant ses yeux noyés d'alcool. Sonny Boy marche de travers, il n'a pas vu la forme qui se glisse derrière lui. Un pic à glace lui tranche le visage. Il a juste le temps de se traîner jusqu'au seuil de sa maison où l'attend Lacey Belle puis il expire. « Seigneur, ayez pitié... » On ne retrouvera jamais son assassin enfui avec l'harmonica doré. La nuit tombe sur Sonny Boy – qui devra être le dernier grand bluesman assassiné. Cela ne peut être autrement tellement le tribut est lourd.

Heureusement, ailleurs, le jour se lève, venu de l'Est. Les frères Chess, Juifs polonais émigrés à Chicago en 1928, qui se sont enrichis en vendant de la limonade, investissent le monde musical et misent sur un descendant du Delta, inspiré par Son House et Robert Johnson. Il se nomme McKinley Morganfield mais sa grand-mère l'a baptisé Muddy Waters (Eaux boueuses) car, petit, il barbotait dans la fange, sur les berges du Mississippi. Un baptême de pureté musicale.

Bien décidé à poursuivre le message lyrique de Sonny Boy Williamson, Muddy ne vagabonde pas, fuit l'aventure. Son visage exprime une sérénité qui le distingue des autres bluesmen. Certains pourraient voir en lui une sorte de Victor Hugo du blues avec une œuvre monumentale et une carrière sujette à quelques éclipses passagères. Il personnifiera pour beaucoup – et pendant longtemps – le blues. Plus tard, une photo « de famille » l'immortalisera, petit bouddha aux yeux rieurs et à la sagesse tout orientale, entouré de ses « enfants ». La figure rassurante du grand-père !

En 1947, son premier titre, *Gypsy Woman* marque une rupture radicale : chant rude, puissant, basses percutantes, jeu de guitare intense dépassent de loin le vieux *Melrose sound.* Leonard Chess ne propose aucun contrat à son artiste, s'occupe de tout, éloigne les rivaux qui tentent de débaucher sa merveille et s'assure les services de Willie Dixon. « Dis, t'as pas un morceau pour Muddy ! » Et, à chaque fois, Willie, plein de ressources, sort de sa besace un petit bijou : *Hoochie Coochie Man, I Just Want To Make Love To You, I Am Ready...* Muddy Waters se trouve au cœur d'une synergie roborative, d'un triangle fertile. Leonard, Willie et lui-même viennent d'inventer le travail en équipe dans une musique, le blues, réputée pour son individualité et son anarchisme. Les poètes villonnesques, christiques ont vécu. Fini, les pactes avec le Diable, les meurtres, les assassinats, la geôle. « Je n'ai jamais connu personnellement Robert Johnson, dit Muddy, je l'ai vu seulement une fois... Et il y avait tellement de monde autour que je ne l'ai pas vraiment vu... C'est marrant, je connaissais presque tout le monde mais lui, non. » Une manière de dire qu'il n'a pas vu l'illusion magnifique de ce musicien légendaire ni entendu sa confession. C'est presque croire à la Vierge. Sans doute Muddy n'y prête pas trop de crédit, même si certains de ses blues parlent de sorcellerie. Héritée du vieux Sud rural, sa musique s'adresse aux populations noires perdues au fond des cités industrielles, touche à un réalisme dru sans renier la tradition, à coup de glissades torrides sur le manche, d'harmonica d'outre-tombe et de guitares électriques suramplifiées. Sa violence funèbre plonge dans tout ce que le blues a de moderne tandis que Muddy cimente le groupe. Autour de lui, gravite le florilège du blues : Otis Spann et sa touche fluide, le guitariste Jimmy Rogers, le grand batteur Fred Below, plusieurs générations d'harmonicistes, Little Walter, Junior Wells, James Cotton. Les artistes blues soignent enfin leur C.V. : j'ai joué chez Muddy Waters ! Ah bon, eh bien entrez donc ! Une belle école du blues. Willie Dixon connaît son plus grand épanouissement et Muddy Waters en profite comme d'autres artistes : Chess – tête carrée, corps de taureau –, alias Howlin' Wolf, chante de sa voix léonine *Evil, Spoonful, I Ain't Superstitious, Little Red Rooster, Back Door man*, écrit lui-même de superbes blues primaires sur lesquels il rugit sombrement : *Smokestack Lightnin', Who's Been Talkin', Sittin On The Top Of The World*... On dit que les parents de ce musicien, Chester Burnett à la ville, lui racontaient souvent l'histoire du Petit Chaperon rouge et que le hurlement du loup le poursuivait jusque dans son sommeil. Son nom de scène était tout trouvé. Le blues vient sûrement de quelque terreur d'enfance.

Muddy Waters découvre lui-même un jeune guitariste qu'il présente à Chess : Chuck Berry dont le premier titre, *Maybellene* (1955), inaugure le rock and roll.

À côté de l'industrie Chess, les francs-tireurs ébranlent les soubassements de Chicago : en 1951, Elmore James s'approprie *Dust My Broom,* un morceau qui traîne dans l'air et sur lequel ont travaillé Kokomo Arnold, Robert Johnson. Lui y ajoute ce riff moderne à la guitare très rock and roll et accède à la postérité. Elmore, musicien extraordinaire, compose aussi ce somptueux blues, *The Sky Is Crying* (1959). Le visage émacié, le corps gracile, il semble délicat au fond de ce West Roosevelt Club du ghetto, dominant de peu une foule vociférante. Les murs suintent, les fils pendent, et la veste anthracite du dandy se couvre d'auréoles. La sueur. Une vie qui s'échappe dans le chaos des notes. Elmore se repose souvent, s'assied, pense à ce qu'un médecin lui a dit, un jour de 1941 : « Votre cœur est malade ! » La mort creuse déjà les traits de James. Il faut venir de loin pour découvrir ce personnage rare qui ne vivra peut-être pas si vieux, franchir des siècles de racisme, s'enfoncer dans le Chicago d'Orphée, couvert de brume et de pluie. Des femmes amoureuses accèdent à cette nation noire pour louanger le sorcier au balai de poussière, l'homme qui fait pleurer le ciel. Elles veulent connaître le plaisir avec lui. « Et si nous rentrions à mon hôtel », propose une jeune panthère au corps de mannequin. Elmore la dévisage. Comme il paraît fatigué, âgé ! « Non, je préfère rentrer seul et boire ma bouteille de whisky ! », répond-il.

La période de la fin des années quarante n'est pas florissante. Le vieux blues noir, même modernisé, tombe en déshérence. Il cherche un éclat pour rivaliser avec toute cette déferlante qui balaie le pays : le rhythm and blues, cette musique de danse cuivrée que les jeunes générations, débarrassées de la guerre réclament à cor et à cri. En Californie, Almos Milburn fait chauffer son piano boogie et le baladin Charles Brown – dont l'art en demi-teinte (*Drifting Blues, Black Night*) influencera Ray Charles – joue le blues des tonnelles et des bords de plage.

À La Nouvelle-Orléans, se lève comme l'aurore ce blues-gombo mâtiné d'influences soul et cajun, sorte de plat louisianais épicé : les *Mardis gras* du Professor Longhair et le zydeco avec l'accordéoniste Clifton Chenier. Et ce voyou d'Ike Turner, toujours entre deux prisons, enfant du Delta blues, né à Clarksdale, guitariste rudimentaire mais doué d'un flair aigu, qui enregistre en 1951 un morceau flambant *Rocket 88*, considéré aujourd'hui comme le premier rock. Cet instinctif sent le vent tourner et sait répondre aux espoirs, découvre B.B. King et une chanteuse qu'il épouse bientôt, Tina Turner.

Les descendants d'Elmore James se divertissent : beau guitariste expressionniste mais velléitaire, Otis Rush, l'auteur des émotifs *Double Trouble, All Your Love*, s'évade, paresse on ne sait où, déçoit plus souvent qu'il ne surprend ; le Louisianais Buddy Guy révèle sa voix aiguë, son jeu de guitare tendu et obsessionnel qui fera merveille dans son chef-d'œuvre *A Man And The Blues* (1967) sur les chutes en cascade des notes du pianiste Otis Spann. Cette génération joue le cynisme. On verra souvent Buddy s'obstiner à tourner en ridicule le blues de ses aînés, susurrer en grimaçant *In The Mood* pour faire la nique à John Lee Hooker. L'ironie l'a aidé à abandonner la petite ferme familiale, près de Baton Rouge. « Mes parents, confiera-t-il, me disaient souvent : "Nous voulons que tu aies une meilleure éducation que nous, fils, et que tu t'en ailles loin d'ici. Il n'y a pas d'avenir ici." » Il va à Chicago et rencontre Junior Wells, un harmoniciste passionné qui, très jeune, avait l'habitude de guetter Muddy Waters à la porte des clubs, de le tirer par la veste.

— J'veux jouer, m'sieur !

— O.K., p'tit, lui dit Muddy, si tu sais jouer, on va essayer, mais va falloir demander à Little Walter, parce que c'est son ampli et son micro.

Little Walter, l'harmoniciste vedette de l'orchestre de Muddy Waters, accepte et Junior remporte un triomphe. Walter lui prédit une belle carrière et, quelques années plus tard, Wells le remplace aux côtés de Muddy Waters après que Walter, furieux, a déserté la formation.

Le monde bouge. L'industrie s'en mêle. Qu'en penserait Robert Johnson ? Aurait-il vendu son âme à un capitaliste au lieu du Diable ? Depuis les années quarante, l'imposteur qui avait rempli de colère le doux Sonny Boy Williamson anime une émission de radio sur la station KFFA (Helena, Arkansas) financée par la farine King Biscuit. Il s'appelle Rice Miller, un drôle de type, toujours flanqué de son chapeau melon, flottant dans sa redingote à la Mandrake d'où il sort avec magie un harmonica. Il tient délicatement l'instrument, l'embrasse amoureusement, expulse un son mouillé. Et tous ces bobards dont il gratifie son public. À commencer par sa naissance. Incertaine. On n'en finit jamais.

Il a un côté clown lunaire, lui qui n'hésite pas à adopter le nom du prestigieux musicien assassiné en 1948. « Appelez-moi Sonny Boy Williamson. » Il pense ainsi s'ouvrir toutes les portes et ensuite effacer des tablettes le premier du nom. Raté ! Il restera dans l'histoire comme l'éternel dauphin, deuxième du nom. « J'vous assure, c'est *l'autre*, l'imposteur. » Et pourtant, lui aussi, malgré sa mauvaise foi, on l'aime bien.

« Sonny Boy Williamson n° II » invite des musiciens. Parmi eux, Robert Lockwood Jr, avec lequel il se fâche, se vend à une farine concurrente, « Mother's Best Flour ». Jamais Sonny Boy ne fertilise son « pouvoir médiatique », dilapidant son revenu sur les tables de jeu. Il part, vagabonde, navigue à travers les stations, débarque sur les ondes KWEM (West Memphis) pour vanter, cette fois, le produit médical Hadacol. Toute sa vie, il passera du showman au musicien et au rôle de père putatif. Un jour, devant lui, se dresse un jeune homme tout tremblant qui se demande encore quelle mouche l'a piqué : rencontrer le grand animateur « Sonny Boy Williamson ». Une vraie folie !

— Je vous ai tellement entendu, monsieur, que j'aimerais beaucoup travailler avec vous. Je suis guitariste !

— Tu t'appelles comment ?

— Riley B. King !

B.B. King accompagne « Sonny Boy » qui, mécène ou esprit malin, réserve un chien de sa chienne au néophyte. « Mon gars, annonce « Sonny Boy », j'ai un engagement au 16th Street Grill mais je ne peux pas le tenir car j'ai un autre engagement qui me rapporte plus. Tu joueras à ma place. Et t'as intérêt à bien jouer. Sinon, gare ! J'en ai déjà parlé à la patronne. » B.B. King s'y rend, bouche cousue, piégé, immolé sur l'autel publicitaire dont « Sonny Boy » est l'illusionniste. Le marché n'a rien de compliqué : l'animateur annonce à la radio ses concerts, cite l'enseigne des clubs, au grand ravissement des tauliers. « Mon boulot, racontera Riley, consistait à occuper les femmes pour que les hommes puissent tranquillement jouer aux cartes au fond. »

Très élégant, tout sourires, B.B. King se prend au jeu. La radio le séduit et bientôt il diffuse, accompagne à la guitare des albums blues sur une chaîne concurrente (WDIA). Il ne quittera plus jamais les feux de la rampe. D'ailleurs, on ne croit pas si bien dire tant cet ingénieux garde, prête à servir, sa jolie histoire pour les veillées de Noël.

Car le futur Roi est celui qui un jour est sorti d'une maison en flammes comme un damné. Il a vingt-quatre ans et le Twist Bar, en Arkansas, fait salle comble. Brusquement, une déesse noire se dresse, provocante. « Lucille ! Suis-moi ! » Un type veut emmener la jeune femme, un autre s'interpose. Une bagarre éclate. Les tables roulent et les verres passent au-dessus des têtes. Puis, une fumée envahit le bar qui a pris feu. Les rideaux deviennent des torches, tout le monde suffoque. Les gens se ruent vers la sortie, se bousculent. B.B. King roule sur le trottoir, à moitié asphyxié, le visage couvert de suie. Il a laissé sa guitare, rentre dans le brasier. Le plafond s'écroule, des brandons giclent autour de lui. Par chance, elle est là, avec son cadre rouge, ses motifs angéliques, ses cordes éclatantes comme si le feu hésitait à attaquer cette merveille. Le musicien se penche, le visage entouré d'un chiffon, ramasse l'instrument et s'échappe, brûlé, le corps contusionné mais sauf. En souvenir de cette tragédie, il décide de baptiser sa guitare Lucille. Certains prétendent qu'il était l'un des deux combattants du Twist Bar. La réponse, là encore, appartient à la légende du blues.

Comment rivaliser avec ce Prométhée déchaîné ? Ils seront trois. Trois rois pour une seule couronne. Freddie Myles dit Freddie King, le massif Texan à la voix de tonnerre et au son déjà trempé dans le rock, Albert King (né Albert Nelson en 1923), l'élégant fumeur de pipe du Mississippi, au blues sophistiqué, ancien récolteur de fruits, et B.B. La critique voit en B.B. King – le seul du trio à porter à la naissance ce nom monarchique – peut-être le plus grand des bluesmen, le seul qui, en ces temps de fêtes à tout va, de rythmes effrénés, parvient à maintenir l'étincelle. Mais derrière, quelles sont les positions ? Freddie, premier, Albert, deuxième ? Non, voyons : Albert prétendra être le demi-frère de B.B. Mensonge. Il pourrait cependant tout aussi bien occuper la place de dauphin, suivi de Freddie. Comment les départager ? Peut-être en suivant l'ordre des décès : Freddie est le premier à partir, en 1976. Le cœur – qu'il a pourtant très gros – le lâche un soir de concert, à quarante-deux ans. Albert tire sa révérence en 1992. Et B.B. poursuit sa route bon pied bon œil. Il serait donc le plus grand, précédant Albert (2e) et Freddie (3e). À moins que l'urgence dont Freddie fit preuve au cours de sa brève carrière (à l'image de son classique *Hide Away*) ne l'ait consumé beaucoup plus vite. Dans ce cas, il faudra bien parler d'un art ultime, plein de violence et de folie. De quoi taquiner le postérieur de B.B.

Tandis que les Rois mages se posent sur le monde, les jeunes Noirs rejettent toutes les références à l'esclavage, une époque de plus en plus mal vécue. L'industrie Muddy Waters/Willie Dixon tient le cap, Elmore James, musicien fulgurant, à l'attaque brutale de guitare, n'a pas encore la place qu'il mérite. On lui préfère un autre artiste de Chicago, le délicat guitariste Jimmy Reed dont l'indolence et le désenchantement trouvent leur place auprès de la population noire et blanche. Ses blues simples – *Honest I Do, Brights Lights, Big City* – frappent les jeunes Blancs désireux de monter leur propre groupe. Plus incisif, le guitariste J.B. Lenoir reprend une tradition engagée timidement par des anciens (Champion Jack Dupree avec le démocrate *F.D.R. Roosevelt*), le blues fortement engagé : *Korean Blues* s'en prend à la guerre de Corée (1951) et *Eisenhower Blues* (1954) déplaît à la Maison-Blanche qui le censure (il est rebaptisé *Tax-paying Blues*). Un accident de la circulation – en tout bien tout honneur apparemment – tait la révolte de J.B. Sa virulence va marquer profondément toute la génération contestataire des années soixante.

Un autre « grand » revendique lui aussi – et de quelle manière – une part de l'héritage, Albert Collins, surnommé *the razorblade* en raison de sa sonorité tranchante.

Mais le Roi s'impose, rassemblant sur son port altier tous les espoirs et l'histoire du blues. Son aristocratie plaît. Au volant de belles voitures, B.B. King symbolise une certaine réussite, joue un blues élégant, enrichi de jazz et de cuivres voluptueux, traverse le gospel puis durcit son jeu à la manière du Delta. Sa guitare possède l'agressivité d'un Elmore James, l'agilité d'un T-Bone Walker, la joie d'un Django Reinhardt et le velours d'un bon vin. C'est une forteresse imprenable et qui ne sera jamais prise. Lorsqu'il conclut chacune de ses nuits musicales avec le romantique *The Thrill Is Gone* (1969), le public se pâme d'aise, frémit de plaisir et les amoureux s'aiment pour toujours. Il va loin, grossit, grossit jusqu'à cette soirée de liesse sur la scène du festival Banlieues Bleues, en 1994. André Francis, l'homme jazz de France Inter, lui remet le titre de Commandeur des Arts et des Lettres, sous les grognements du public. Réveille-toi, B.B. Ils te récupèrent. Le blues, musique de la marge, ne tolère pas les honneurs ! Que penseraient les Blind Lemon Jefferson, Sonny Boy Williamson I, Charley Patton ? Réveille-toi, B.B. King. « Miles Davis et Ella Fitzgerald ont bien reçu cette décoration. Il était donc normal qu'un musicien de blues, qui est la racine du jazz, la reçoive aussi. » L'aréopage officiel, la solennité d'André Francis irritent les spectateurs. Quelques-uns se taisent, troublés : B.B. King, héritier des dynasties sacrifiées du blues, est fier. Oui, vous avez bien entendu, fier. À le voir avec son ventre rebondi sur lequel se dodeline la énième génération des guitares Lucille, son grand sourire, son air bonhomme, son émotion à fleur de peau, on se dit que finalement c'est justice. Une manière de réhabiliter le long martyre des musiciens noirs.

Chapitre 5

Beauté archéologique

Sam « Lightnin' » Hopkins se tient droit, coiffé de son chapeau blanc. Avec ses lunettes noires, il ressemble à un vacancier en villégiature à Miami, les poches pleines de dollars. Une veste liliale et une chemise noire lui donnent de l'élégance mais ses traits sont durs, taillés à la serpe. En ce début des années 60, « Lightnin' » accueille gentiment les jeunes qui lui rendent visite. La plupart se fatiguent de l'énergie pure du rock and roll, de ses histoires adolescentes, témoignent leur reconnaissance envers ce vieux country blues protestataire dont Hopkins incarne l'image douloureuse et fantasque. Parfois, le musicien remonte son pantalon et exhibe les traces des chaînes. Un souvenir du pénitencier Big Brazos. « Chaque soir au retour, revit-il, inlassablement, ils vous enchaînent, ils vous attachent une chaîne à la jambe. »

Des histoires, il en a bien d'autres, quand il sillonnait la campagne pendant les années trente avec Texas Alexander ou, si jeune, se levait à six heures du matin pour travailler dans les champs. Lui aussi a vu la fameuse mule, l'animal du mythe qui avait permis à Willie Dixon de s'évader. Lightnin', lui, l'enfourchait et allait ramasser – devinez quoi – le coton. « Comprenez pourquoi on a l'blues ! »

Le public américain est ravi d'autant que l'artiste voyage peu, effrayé par l'avion, et il reste chez lui, dans son ghetto de Houston comme une antiquité souveraine, rangeant sa Buick au milieu des voitures déglinguées de ses voisins. Il pourrait fredonner : « J'suis un vestige de musée » mais n'en a pas le courage. Ses observateurs en oublient même son œuvre monumentale, sans déchets. « Lightnin' » se moque aussi (que peut-il faire d'autres ?) de ces sociologues de tout poil, ethnomusicologues, archivistes qui veulent le rencontrer, le touchent avec délicatesse de peur d'abîmer leur patrimoine. Le grand historien anglais Paul Oliver lui a rendu visite, et Hopkins, le créateur de *Happy Blues For John Glenn, Short Haired Woman* (« j'veux pas d'femme dont les cheveux sont plus courts que les miens »), a narré, une nouvelle fois, sa vie aventureuse.

Les intellectuels blancs ont toujours essayé de vitrifier le musicien noir, de l'élever à une sorte de relique conservée précieusement dans une châsse à la manière des saints mystérieux. Déjà, en 1951, les Européens acclament l'arrivée en France de Big Bill Broonzy comme le dernier « chanteur de blues vivant ». On voit bien, dans cet hommage, la part d'émotion du Vieux Monde, devant un acteur historique du blues, et l'acceptation joyeuse du vétéran, heureux d'être enfin reconnu.

Des années plus tôt, en 1938, le New-Yorkais John Hammond a ouvert à la musique « nègre » le prestigieux Carnegie Hall. À cette époque, les ethnomusicologues s'intéressent à ce que le bon WASP appelle la *race music* (musique ethnique) et partent à la recherche de ses représentants comme Livingston s'enfonçait dans les noires frondaisons de l'Afrique.

Remontons encore le temps. En 1932, le collectionneur John Lomax décide d'établir une anthologie des « ballades et des folksongs de l'Amérique ». Il s'assure le soutien de la Bibliothèque des Congrès, installe dans un camion une sono et, accompagné de son fils Alan, parcourt le Sud.

Ils se rendent au pénitencier d'Angola (Louisiane), l'un des viviers du folk dont les prisonniers transmettent la magie, de génération en génération. Magie ? Encore une vue de Blancs. « Je me demande pourquoi ils électrocutent un homme à une heure du matin », chantera le guitariste Robert Welch (prisonnier n° 3-9811). Les années trente sont si dures derrière ces murailles drapées de brume, trempées d'eau saumâtre. Parfois, le Mississippi pèse de tout son poids sur la prison, on devine sa folie, ses rumeurs. Le fleuve inonde les cellules et emporte les corps, la nuit. Pendant la journée, les condamnés chutent, victimes d'attaques ou d'insolation. Le soir, ils libèrent ce qui reste de leurs pieds, une masse de plaies sanglantes. D'autres n'hésitent pas à se briser les jambes à coups de pierre pour ne pas aller dans les champs. La « batte », cette épaisse lanière de cuir, perforée de trous à l'extrémité, réduit bien des dos en bouillie. Marchez au pas ! Sinon, on vous glisse dans la « boîte », un petit cercueil muni d'aérations, et on vous laisse moisir, immobile, en plein cagnard !

Le chant donne des ailes aux parias de l'Amérique. « Quand nous chantons, dit un détenu, nous oublions et le temps passe plus vite ; si nous ne pensions qu'à notre travail, il nous serait impossible de l'accomplir ; aussi, pour empêcher cela, nous devons chanter. »

Les temps, heureusement, changent. Possédez un don musical et le ciel vous aidera ! À partir des années cinquante, les autorités fournissent aux talents en herbe des instruments et prêtent des postes de radio. Chacun écoute sa musique préférée. En 1959, la prison d'Angola s'enrichit même de cinquante-huit postes de télévision et le folklore pur et dur semble en prendre un coup. Pourtant, telle une herbe drue, le vieux blues rural survivra, flamme maintenue en vie par l'enfermement et l'isolement.

En attendant, nous sommes au cœur des années trente et un homme à belle stature attire l'attention des Lomax. Le prisonnier se tient, majestueux, la nuque voilée par un bandana rouge et la tête couverte d'un petit chapeau. Dans son bleu de travail taché, il ressemble à un taureau plein de force, les muscles durcis par des années de labeur manuel, sa démarche trahit la confiance et une énergie refoulée, sorte de violence tempétueuse qui s'exprimait au grand air mais bouillonne comme une lampe d'Aladin. Quand John et Alan Lomax le découvrent, il porte une vieille guitare cabossée de douze cordes, peinte en vert et chante de sa grosse voix dont le timbre, puissant et clair, vient des *fields hollers*, des champs déserts, de la solitude bien avant l'invention du microphone et des amplis. Son chant, débordant d'intensité, mêle surréalisme et idiomes campagnards, avec de la couleur et des intonations guerrières.

— Qui est-ce ? demande John au directeur du pénitencier.

— Huddy Ledbetter dit *Leadbelly* (ventre de plomb).

— Pourquoi est-il là ?

— Meurtre !

Le criminel des chemins raconte sa légende. Légendaire comme Bonnie and Clyde ou Billy the Kid.

Né en 1888 dans une région humide, à la frontière de la Louisiane et du Texas, près du lac Caddo, Huddy vit très tôt le dur métier de fermier : couper le coton, déraciner et trier les arbres. Jeune, il doit traverser une sombre forêt de pins pour aller à l'école et apprend très vite à monter à cheval. L'isolement de cette région et sa propre solitude l'entraînent vers la musique. Huddy s'intéresse à l'accordéon, à la mandoline puis à la guitare, durcit son timbre à force de héler ses petits camarades qui vivent dans des fermes voisines.

Qui est ce jeune homme ? L'écho des montagnes ? L'âme primitive du blues ?

Cette fleur sauvage éclate bruyamment un soir quand il propose à sa bien-aimée une promenade sur son brave canasson. Un autre garçon arrive, moderne. « Non, moi je t'invite dans mon buggy. » Il saisit la jeune fille par le bras tandis que Huddy, fou de colère, tremblant, extirpe de sa poche un revolver, écrase le canon contre la tempe de son rival mort de peur, et le traîne dans la poussière. Tout à ses désirs homicides, Huddy presse la détente, une étincelle jaillit de l'arme mais le coup ne part pas. Cartouche défectueuse. L'autre se dégage et s'enfuit en hurlant. Quelques heures plus tard, le shérif reçoit une plainte de la famille, les rumeurs tétanisent le village. Quelqu'un a été tué ! Un assassin court parmi nous ! Huddy doit finalement s'acquitter d'une amende pour avoir possédé une arme sans en référer à la police. Le meurtre ne le lâche pas et la névrose amoureuse le poursuit. Il aperçoit sa jeune amie avec un autre garçon sur le seuil d'une maison proche, dégaine à nouveau son revolver et tire vers la porte. La balle se perd dans la nature.

À quinze ans, à l'âge où les adolescents vont à l'école, Huddy inspire la peur. On le voit passer dans la campagne avec sa peau sombre, son corps athlétique, une guitare en bandoulière, un colt dans la poche, traînant derrière lui un cheval. Il joue le long des routes, peut descendre un gêneur d'un coup et filer dans la nature. Vous avez vu Leadbelly ? demande-t-on en observant le grand ciel, la nature rauque, théâtre de sang où résonnent déjà les exploits du baladin. Le voilà descendu dans les bouges de Shreveport, petite commune de Louisiane, parmi les sans-grades et les bandits. Il faut le dire aux femmes qui rêvent d'apprivoiser sa brutalité. Une admiratrice parvient à faire couler en elle la sève du Robin des bois. Engrossée. Mais l'enfant meurt. Elle en a un deuxième et, cette fois, il ne veut pas le reconnaître, quitte sa fiancée, dérive de bordels en bars avec des pianistes à la mauvaise réputation. La bonne société de sa petite ville natale, Mooringsport, daube le vagabond, décrie sa violence, ses bâtards, une vie sombre dans les bordels de Fannin Street, et cette maladie qui le pousse irrésistiblement à soulever tous les jupons. Il doit partir, ses parents ne le retiennent pas.

Leadbelly sillonne le pays, rencontre le grand Blind Lemon Jefferson, ensemble ils composent une ballade, *Titanic* (1912), après le naufrage du paquebot par une nuit froide, jouent dans les rues de Dallas. « Quand nous étions sur scène, se rappelle Huddy, les femmes nous sautaient au cou et nous embrassaient furieusement. » Son tempérament de feu va finalement mener Huddy au panthéon des criminels exemplaires. C'est la faute de sa cousine, Mary Walker, surnommée *Cochon,* et de son mari, Will Stafford. Ce drôle de couple partage son appartement avec une jeune fille de treize ans, Chammie Jones qui est aussi la maîtresse de Will, un habitué des relations extraconjugales et séducteur maniaque. Ledbetter tombe sous le charme de Chammie. Les frustrations des uns et des autres s'entrechoquent, non loin de l'école pour enfants noirs, le long d'une route sale. Le jour s'est dérobé. Au fond, écrasé par la pesanteur moite des marais, un dancing se réverbère dans la fange et les ombres de lune. Les moustiques rendent fou, la chaleur fait luire les visages. Ils boivent, les esprits s'exaltent. « Touche pas à Chammie ! » s'énerve Will pendant que Huddy le toise avec insolence. « Si j'la veux, j'la prends ! » Pour montrer sa détermination, Huddy brandit son revolver. Les deux hommes transpirent, la touffeur louisianaise qui les étourdit enivre leurs sens comme s'ils avaient bu une double ration d'eau-de-vie. « T'oseras pas tirer ! » Huddy, qui a déjà raté son assassinat, ne veut pas manquer celui-là. C'est une question d'art... comme le blues. Il sue à grosses gouttes, tremble, dans un état second. Un bruit sec et Stafford s'écroule sur le chemin.

Arrêté, Huddy est condamné à trente ans de travaux forcés et envoyé d'abord au pénitencier de Sugarland (Texas). En prison, il réussira ce qu'il n'a jamais tenté dehors : canaliser son énergie, mettre sa fougue au service de la création. S'il travaille dur sous le soleil, il apprend de vieux airs traditionnels de la culture africaine dont l'archaïsme a été conservé par l'éloignement de la prison. Le don du Diable le magnifie. Sa force, jugée dangereuse à l'extérieur, devient ici sublime et vectrice d'une célébrité aussi inattendue que méritée. Visitant les prisons, le gouverneur Pat Neff tient même à entendre ce phénomène dont on lui a tant parlé. Leadbelly, l'œil toujours enflammé par le meurtre (celui qu'il n'a pas commis, celui qu'il a commis ou ceux qu'il commettra) empoigne sa belle Stella et joue *Midnight Special*, un traditionnel réarrangé. Le gouverneur le félicite.

— Comment vous sentez-vous, Leadbelly ?

— Je vais bien ! répond-il

— Vous dansez toujours ?

Le musicien sourit.

— Je peux danser toute la nuit.

— Vous êtes bien un Nègre !

Le gouverneur revient plusieurs fois, comme hypnotisé, exigeant que Leadbelly joue pour lui (« ... et je te gracierai ! »), fait construire une plate-forme en plein milieu du champ tandis qu'il s'allonge sur l'herbe, attentif à la musique de ce géant. Le bagnard attend une récompense de Neff. Cette grâce tant attendue arrive le 25 janvier 1925, après sept années de prison. Le gouverneur, impressionné par la musique de Leadbelly, libère son génie qui, impatient, jalouse la gloire de son ami Blind Lemon Jefferson. Lui n'a encore rien enregistré. L'amour d'une jeune femme, Lizzie, qu'il couve de son œil de tigre, le sauve du cafard. Mais la violence le contamine toujours comme une sale peau. Une bagarre au couteau l'envoie de nouveau en cellule. On l'accuse d'avoir voulu assassiner un jeune homme bien né de Mooringsport, cette fois, par malheur il s'agit d'un Blanc. Les journaux dénoncent un « négro complètement fou et saoul », et une foule ivre assiège la prison pour le lyncher. Par chance, sa victime survit et trouve des soins dans un sanatorium. Leadbelly est envoyé au terrible et lointain pénitencier d'Angola (Louisiane), perdu aux confins des marécages. Sa carrure lui permet de résister à la chaleur, au travail harassant. Il mange si mal : haricots rouges, patates à l'eau... Plus pour longtemps ! L'artiste recommence à chanter, et, de nouveau, les murs s'écartent de lui comme les trompettes abattirent autrefois Jéricho. Fin de l'histoire, début de la légende, Rédemption d'un meurtrier sauvé du gibet !

Lorsque John Lomax le rencontre, il sait qu'il découvre une vraie légende. Un homme qui en a bavé et porterait presque sur lui les marques du fouet. Car il a eu droit à la flagellation, dix coups « pour paresse », et quinze autres, à cause « de son impudence ». Le musicologue a aussi compris la valeur de l'artiste et intervient auprès des autorités. « Libérez-le ! Je m'occupe de lui ! » Il devra encore patienter quelques années. « A-t-il un travail ? » s'inquiètent les autorités auprès de Lomax qui répond : « J'ai des contrats pour lui, et il sera mon chauffeur. Nous allons travailler à New York ! »

Le directeur finit par céder et, en 1934, libère Leadbelly. John et Alan Lomax lui trouvent tout de suite des engagements dans les universités, les salles des fêtes et aussi d'autres établissements pénitenciers où l'ancien homicide moralise les détenus. Il conduit la voiture familiale, sert de valet de chambre à ses bienfaiteurs. Son œuvre s'agrandit. Dans les années qui suivent, sous la tutelle de John Lomax, il grave beaucoup de blues mais aussi du folk, inaugurant le grand mouvement new-yorkais d'après-guerre d'où seront issus Pete Seeger, Bob Dylan. Leadbelly connaît du succès même si son répertoire, au contact de la population raffinée urbaine, s'affadit. Il lâche quand même le brûlot politique *Bourgeois Blues*, mise en accusation de Washington et de l'humiliation par les chaînes. Leadbelly séduit ou agace. On exploiteà fond son histoire, on vend sa légende. Il n'évite pas les caricatures du gentil négro amendé, géant apparemment débonnaire aux cheveux d'argent qu'il noircira avec du cirage pour plaire à sa future, la jeune Martha, de vingt ans sa cadette. L'ancien tueur musicien se plaît en compagnie des enfants, des bambins de toutes les couleurs, filles aux jupes plissées avec des nattes papillonnent autour de lui, petits garçons avides d'émotions veulent savoir... C'est vrai que t'as tué un homme ? Comment qu'c'est la vie en prison ?

Un ogre de la note bleue, monument placide, séduit donc poètes et écrivains à la recherche d'une beauté archéologique (et si elle est vivante, tant mieux). Près de lui, vêtu d'un complet-veston, tout en poses fines et en observations nuancées, circule ce jeune intellectuel et romancier, Richard Wright, près de devenir célèbre avec son *Native Son* (1942), peut-être le livre le plus puissant de la littérature afro-américaine. Depuis 1937, le communiste Richard Wright, qui sera reçu dans les années cinquante en grande pompe par les intellectuels parisiens (Jean-Paul Sartre), écrit des poèmes empruntant la forme du blues. Son lyrique *Hearst Headlines Blues* fustige, bien avant Orson Welles, la presse du magnat Randolph Hearst (futur Citizen Kane), et il compose *Red Clay Blues* (1932) avec son complice Langston Hughes. Ce blues de la terre rouge dépeint la perte de sens d'un immigré qui ne sent plus sous ses pieds la douce argile rouge de sa belle Géorgie. Wright, pas en reste, imagine un autre blues, chanté cette fois, en hommage au boxeur noir Joe Louis : « Le gros ours noir lâchait rien de ce qu'il attrapait / Il le tenait jusqu'au compte et se laissait pas acheter. »

À la chaleur de Wright répond celle de Langston Hughes, l'autre grand poète qui écrit, après avoir vu, un soir de nouvel an 1942, la chanteuse des rues Memphis Minnie : « Alors, dans la fumée et le vacarme des bars bruyants de Chicago défilent les bayous de la Louisiane, la fange des marécages, la poussière et le soleil du Mississippi, le coton dans les champs, les routes solitaires, les appels du train dans la nuit, les moustiques quand pointe le jour et le Rural Free Delivery [postes rurales] qui n'apporte jamais la bonne lettre. C'est tout cela qui gémit dans les cordes de la guitare de Memphis Minnie – amplifiées jusqu'aux proportions d'une machine – version musicale du fer à souder couplé d'un laminoir. » Leadbelly, le géant rural au sang sur les mains, tigre mort de jalousie chaque fois qu'un rival courtise sa bien-aimée, n'appartient pas à ce monde poétique. Langston Hughes ou Richard Wright tutoient des muses intelligentes, étrangères au criminel. Et pourtant, l'auteur de *Native Son*, alors reporter au *Daily*, et le célèbre repenti se rapprochent. Leadbelly chante en faveur des Scottsboro Boys, sept Noirs accusés à tort du viol de deux Blanches. Wright rejoint le troubadour et le soutient, menant un engagement circonstancié qui finira par calmer la soif de vengeance des Blancs. Ce sera tout.

Car *Ventre de plomb* – une fois le filon épuisé – mourra en 1949, plutôt oublié, un an après son protecteur, John Lomax.

L'œuvre de Rédemption survivra, cette fois avec le fils Lomax. Pendant les années 40, il a poursuivi son chemin archéologique. Son père et lui ont enregistré plus de quinze mille chansons pour la Bibliothèque du Congrès et Alan continue de longer les vieux sentiers chauds du Sud, remontant le temps, du côté de Tunica County. Le vieux Son House, grand maître du Delta, y a élu domicile dans une plantation au vieux portail en bois. Un shérif rougeaud garde le territoire seigneurial.

— Vous êtes pas l'un de ces agitateurs nordistes qui foutent le bordel ? demande-t-il.

— Oh non, je viens du Texas, répond Alan. Je descends d'une longue lignée de Sudistes qui se sont battus pour la rébellion en 1860.

— Vous ne serrez pas la main aux Nègres quand même ?

— Moi ? Non, vous n'y pensez pas ! Ma famille me renierait.

Le shérif bombe le torse.

— Vous savez, j'adore entendre les Nègres chanter. On en a beaucoup de talentueux à Tunica.

— Oui, vous avez monsieur Son House...

Alan Lomax avale sa salive de travers, conscient de son erreur.

— Quoi, vous appelez un Nègre monsieur ? Vous ne pouvez pas venir du Texas. Vous êtes un imposteur, probablement un agitateur, peut-être même un espion. Vous savez, nous sommes en guerre, et il y a plein d'espions japonais par ici. Je dois vous retenir jusqu'à ce que le FBI ait vérifié votre identité.

Alan parvient à les convaincre de le laisser filer et retrouve, assis sur le siège de son tracteur, le vieux Son House, un peu plus décharné, les yeux sombres mais toujours irradié par cet éclat généreux. Le grand maître du Delta cultive son champ comme jadis son preachin' blues. Monsieur Son House aime toujours la vie et la musique. Et pourtant, ce « n'est » qu'un Nègre. Il s'éclipsera le 19 octobre 1988.

Le sieur Lomax fils, dans son livre *The Land Where The Blues Began* (1993), a laissé de bien belles histoires, des contes parfois apocryphes, des scènes vécues, des hallucinations. Sa rencontre avec une certaine Mary Johnson – qui se prétend la mère de Robert – ouvre la foire aux fantasmes. « J'l'engueulais souvent, dit-elle car j'avais peur pa'ce qu'y jouait avec l'instrument du Diable. Et quand on m'l'a ramené, mourant, dévoré par le poison, juste avant de passer, y m'a filé sa guitare et m'a supplié : « Maman, prends ma guitare et accroche-la au mur. C'est l'instrument du Diable. Plus jamais, je jouerai. » Et il est mort. »

Laissons Alan, le poète historien. D'autres rencontres rêvées et réelles surviennent. Celle du docteur Harry Oster, un professeur d'anglais à l'université de Louisiane. Désireux d'enregistrer le folklore noir, il débusque en 1959 un visage de quadra funèbre, une perle sauvage, aussi brute qu'un silex coupant, Robert Pete Williams. Court, épais avec des épaules puissantes, une large nuque. Ses orbites noires conservent le souvenir de nuits froides passées à la belle étoile, au fond des granges, ses mains portent les marques de la sciure et des brûlures à l'acide stigmatisent son visage taurin, souvenir du temps où il coupait le bois, nettoyait des fûts de métal avec de la soude caustique.

Le soir, il jouait dans les clubs.

Oster distingue certainement, dans les pupilles de Williams, prisonnier des marais comme une bête malfaisante et qui jette parfois des regards désespérés au-delà des barreaux et des murs, le même éclair du meurtre. Le meurtre froid, brutal, dans ce bar de Scotlandville. Il y était juste entré pour boire une bière, devant des culs-terreux, des pochards goguenards unis par la haine de l'étranger.

— Eh, toi là-bas, d'où qu'tu viens ?

— De Zachary ! répond Robert.

— Menteur !

Il prend une pinte et s'assoit à une table mais un gros lard suant le rejoint. Des gars à lui bloquent la porte du bar. L'obèse brandit un couteau au manche en ivoire avec une grande lame. Robert Williams sort le flingue qu'il cache sous sa veste, précaution nécessaire dans un bled aussi insalubre. Le pistolet tonne, le gros reçoit une balle en plein estomac mais, au lieu de s'effondrer, trébuche, se raccroche à une table et, couvert de sang, continue à avancer. L'homme de Zachary, effrayé, tire une seconde fois, en plein cœur. Les ténèbres envahissent le bar, noyé de fumée et d'odeur âcre, Robert Williams se tient au milieu, l'arme levée, fixant de son air halluciné le cadavre du gros qui gît à ses pieds, étalé dans une mare rougeâtre. Les humains autour ne sont plus que des ombres de la mort ; elles s'éloignent, rejetant à sa solitude le meurtrier comme un Antéchrist.

C'est lui qui le raconte. Sa parole contre tous les préjugés raciaux. Car aucune voix ne viendra témoigner en sa faveur. Légitime défense ? On en est réduit à le croire ou à le condamner. Finalement, le 6 avril 1956, Robert Williams est envoyé au pénitencier d'Angola pour le restant de ses jours. Pendant les trois années suivantes, il rêvera souvent de liberté jusqu'à l'arrivée du bon docteur. « Montre-moi ce que tu sais... » Comme pour Leadbelly, vingt ans avant, le chant tend à un paria sa main d'ange. « Quand Oster m'a entendu, j'étais nerveux. Ils étaient tous là, derrière moi, à attendre des miracles », dira-t-il. Et les miracles jaillissent de la guitare dissonante de Robert Pete, longs poèmes de désespoir (*Angola's Prisonner Blues*), émotion intense liée à ce chant cassé, improvisation torturée et lyrique. Le prisonnier est libéré sur parole puis assigné à résidence chez un fermier de Louisiane. En 1964, Robert Pete surgit au festival de Newport, lance à un public blanc ébahi son blues de grand chemin qui sent le vent humide et la jungle méphitique. C'est un souffle de rébellion anarchique dont personne ne peut tempérer la puissance.

Certains ont pu craindre que ce messie ne retourne un jour au démon. Pas du tout ! Robert Williams vit à Rosedale, à l'Ouest de Baton Rouge, sur une terre grasse et marécageuse constellée de petites rivières, de ponts en bois, de chemins qui s'enchevêtrent, d'herbe aqueuse. Non loin de sa demeure, une entreprise de scierie a installé ses quartiers, beaucoup d'ouvriers y travaillent, se promènent le long d'une voie ferrée désaffectée. L'ancienne gloire d'Angola a construit son foyer avec des planches trouvées sur la route, des bouts de métal, et, une fois par jour, sa femme Hattie Mae l'emmène en voiture jusqu'au studio. Il ne dit mot, concentré sur un art naturel qui l'obsède nuit et jour comme la prison. Ils roulent à travers la forêt, des routes pleines de moires, d'ombres, à peine éclairées par la clarté lugubre d'un ciel au bord de l'orage. C'est aussi dans ce tourbillon de touffeur, d'insectes, de fièvres que naît le blues. Robert regarde à nouveau le firmament. Il lui arrive parfois de se sentir prisonnier. Mais sa poésie primitive le délivre de ses tourments. Arrivé, il prend sa guitare, répète et répète ses harmonies jusqu'à épuisement puis retourne au cœur du marais. À l'inverse de Leadbelly, Robert Pete Williams ne jouera pas le bon Nègre amendé. Il restera cet astre noir, brûlant d'un feu sauvage parmi les spectres de la forêt.

Ce genre d'émotion brute exalte les archéologues. Ils se rendent compte que la campagne du vieux Sud a conservé ce côté féerie de Brocéliande et partent sur les traces des fantômes illustres qui sillonnèrent jadis ces plaines, déterrant (encore) des merveilles. Les années cinquante couronnent la musardise fantasque de Sonny Terry et Brownie McGhee. Le premier, originaire de Géorgie, a perdu la vue après deux accidents : il s'est envoyé un bout de bois dans l'œil et, quelques années plus tard, un adolescent lui a jeté une pièce de métal dans son dernier œil valide. Il a seize ans. Son père l'emmène chez le docteur mais il ne peut rien faire. Sonny distingue juste la différence entre le jour et la nuit, et ce handicap accroît sa solitude. Les autres enfants ne veulent pas jouer avec lui parce qu'il ne voit pas assez bien. Seul son harmonica apporte un réconfort, lui permet de sentir la vie. Dans *Fox Chase*, ce fils de chasseur mime, avec l'instrument, le halètement du renard traqué et la meute des chiens. Une sensibilité de la nature, du vent, de l'air flotte autour de ce grand artiste. À la fin des années quarante, il rencontre le guitariste Brownie McGhee, un ancien lui aussi des Rabbitt Foot Minstrels, et que la poliomyélite a rendu boiteux. L'aveugle et le boiteux. Une fable de La Fontaine ou un conte arabe. Tous deux joignent leurs destinées sans savoir pourquoi. Ou plutôt si, après leur prestation au théâtre. En 1957, Brownie McGhee et Sonny Terry sont réunis dans une pièce, bientôt célèbre à New York, *La Chatte sur un toit brûlant*. Leur duo de comédie fonctionne, pourquoi pas en musique. Cette année-là, McGhee illustre aussi le film d'Elia Kazan, *Un homme dans la foule*. Mais la solitude est finie. Terry et McGhee « se marient ». Jusqu'au jour où la mort vous séparera ! Ils parcourent les salles de bal, les théâtres, infatigables et toujours brillants.

Eux n'iront pas à Chicago, se contentant d'enjoliver les rues de Greenwich Village, à New York, où ils séduisent le public noir et blanc. Après des années, les deux hommes ne se parlent plus, ils en ont assez de cheminer ensemble mais le succès les oblige à poursuivre leur rôle de Nègres bienheureux, de bluesmen affranchis et bientôt de folkeux contestataires. Sonny, lui, fera le bonheur de Werner Herzog (*La Ballade de Bruno* – 1977) et de Steven Spielberg (*La Couleur pourpre* – 1985) où apparaît John Lee Hooker, déguisé en vieux bluesman du Delta. La télévision leur offre même un trône, à travers le documentaire de Fléouter et Manthoulis, *En remontant le Mississippi* (1972).

Pourtant, dans cet intérêt intelligent porté aux bluesmen depuis la guerre, loin de la féerie de Brocéliande, d'autres chercheurs rapportent une lumière plus triste, celle du Chicago des années cinquante, loin des éclats d'antan, semblable à un désert sinistré.

« Vous voulez voir monsieur Kokomo Arnold ? Désolée ! Il n'est pas là. Il est à la pêche. Il revient vers cinq heures ! »

La logeuse jette un œil méfiant vers les deux Blancs qui s'intéressent à son locataire. Deux Européens. En cette fin d'après-midi, la South Calumet Avenue est brûlante, des affiches sales pourrissent sur les murs lézardés, éclairés par des néons jaunâtres. Puis, au coucher du soleil, une voiture à toit rouge avance silencieusement, moteur ralenti, et s'arrête. Un petit Bouddha sec, le visage buriné, creusé, en descend, vêtu d'une chemise blanche et de bretelles, une bière colore ses yeux d'une étincelle étrange. Il voit les deux Blancs et se fige, interloqué.

« Qu'est-ce que vous venez foutre là ? Vous venez de Paris ? Pour me voir ? Surtout, ne me demandez pas d'enregistrer des disques. J'ai fini. J'ai été trop souvent roulé et tourmenté dans ce métier de malheur. Maintenant, je suis retourné à mon aciérie de malheur, je suis bien plus heureux. Vous ne trouverez d'ailleurs pas une guitare chez moi. » Sa chambre, sous-louée, trempe dans une lumière sale que renvoient un papier à fleurs rongé par l'humidité et des rideaux de toile crasseux. Les deux Blancs découvrent un vrai bric-à-brac, chiffons, draps défaits, casseroles empilées dans l'évier. Ramassé sur sa chaise, Kokomo, l'ancien grand pionnier de la slide guitare, dévisage ces visiteurs, l'un avec son imper, son grand nez, l'autre, plus petit et moustachu. « Nous sommes journalistes ! » C'est la meilleure. Le premier travaille à la Sécurité sociale mais, à ses heures perdues, écrit pour le magazine *Jazz Hot* sous un autre nom, Jacques Demêtre. Le deuxième, Marcel Chauvard, tient un magasin de photos. Tous deux adorent le blues et accomplissent leur désir le plus cher. « Partir en Amérique, écriront-ils, ces mots chargés d'une signification quasi magique pour les amateurs de jazz et de blues représentent, en général, une sorte de rêve irréalisable. » À *Jazz Hot*, Demêtre subit les moqueries. L'élite du jazz raille son amour de la musique primitive. Mais il tient bon et vivra l'aventure la plus exaltante de sa vie, déterrer la beauté archéologique du blues comme Alan Lomax avant lui ou l'Anglais Paul Oliver, retrouver toutes ces illusions perdues. Pour certains, c'est trop tard : le pianiste Curtis Jones cultive sa désespérance au fond d'un hôtel désaffecté aux couloirs ténébreux et puants, presque une antichambre de l'Enfer gardée par Cerbère. Il leur ouvre une pièce étroite, envahie par la nuit. L'artiste se dirige vers son piano. « "Vous verrez que je ne suis pas fini ! nous dit-il brûlant d'un feu intérieur. Écoutez moi bien." Et l'air perdu dans un monde lointain, il nous donne un poignant récital de piano. » La rencontre tourne au vrai blues : « Surtout, ne me quittez pas, nous dit-il les larmes aux yeux, j'ai besoin qu'on m'aide. Je suis prêt à venir jouer en Europe. Ne me laissez pas mourir dans ce trou. » Mais Curtis Jones, l'auteur de *Highway 51* (repris par Bob Dylan) ne reviendra pas du royaume des Cimmériens. La vie, pour lui, est bien passée.

Les deux Frenchies vainquent ensuite la défiance de Howlin' Wolf : « Messieurs, vous voulez vous enrichir à mes dépens, comptez pas sur moi ! » L'artiste se radoucit, confie son rêve : s'installer en Afrique, le pays de ses ancêtres « où l'on ne [lui] reprochera pas la couleur de [sa] peau ». Il paraît bien las.

Demêtre et Chauvard rendent visite à Tampa Red qui habite lui aussi une chambre borgne en sous-location. « Détail cruel, écrivent-ils, son propriétaire, que nous avions vu lors de nos premières visites, ignorait totalement que le calme et effacé M. Hudson Whittaker a été, sous le surnom de Tampa Red, l'un des chanteurs de blues les plus populaires des années vingt, trente et quarante. »

À New York, ils traversent des rues mal pavées, des maisons basses où pullulent les rats. La terreur marque encore le regard de leur hôte, un Noir robuste au nez écrasé de boxeur, l'anneau fiché dans l'oreille. Champion Jack Dupree, pianiste de style, portera jusqu'à sa mort la patine des vieux tripots néo-orléanais. Demêtre n'oubliera pas cet œil, un œil de fou hanté par ces divinités chthoniennes qui se penchèrent sur le berceau du musicien. À deux ans juste. La maison de ses parents brûle dans la nuit, des torches humaines, des furoles démoniaques et des mauvais anges en blouse blanche, le Klan, le maudit Klan, courent à travers le brasier. Le feu, les ténèbres et la solitude. La mort. Et voilà Jack Dupree, héritier de ce « Sud galant où pendent des fruits étranges », messager de la ségrégation. Demêtre et Chauvard n'en parleront pas. Pour l'heure, ils assistent aux scènes de ménage de Champion et de sa femme. On s'envoie des assiettes à la tête, on s'insulte. Que s'est-il passé avant, et surtout après ?

Le jeune homme atterrit dans un orphelinat, le même qui a accueilli Louis Armstrong dix ans plus tôt. À quatorze ans, il obtient le droit de partir et se précipite à La Nouvelle-Orléans, espérant y glaner un peu de fortune ou de plaisir. Mais il végète, dort dans les voitures abandonnées. Une femme, mère de sept enfants, le prend en pitié et l'adopte. Ce refuge n'apaise pas Jack qui rencontre deux mentors, le premier lui apprend la caresse (le piano), l'autre, la force (la boxe). Dans cette période de Dépression, il gagne de l'argent en frappant ses adversaires sur des rings entourés de folie.

Et, le soir, il joue.

C'est de plus en plus dur. Il a mal et les K.-O. lui cassent la tête. Son visage est devenu celui d'un bouledogue de pierre, déchiré par la douleur et les coups. Il parvient enfin à vivre un peu de sa musique et renonce au ring après un dernier combat contre « Battling Bozo » à Indianapolis en 1940. Il a rencontré le guitariste « Scrapper » (Bagarreur) Blackwell qui, aux côtés du pianiste Leroy Carr, a formé un célèbre duo dans la ville pendant les années trente. Les oreilles dégagées, la tête ronde, l'expression tranquille, Scrapper est un traficoteur en tout genre, assez poétique. Lors de la prohibition, il a vendu ce « whisky de la lune » aux ghettos et écrit, avec sa sœur Mae Malone, de belles perles (*Blues Before Sunrise*). La mort de son ami Leroy l'a beaucoup affecté, l'éloignant de la musique, à une exception, Jack Dupree. La renaissance blues le tire lui aussi de l'oubli mais il n'en profitera pas longtemps. Un coup de feu dans une ruelle poisseuse d'Indianapolis mettra fin à sa ligne de vie, en 1962. Avec Champion, il a prolongé quelque temps son rêve passé et la mémoire de son complice Leroy Carr. Tout est loin, maintenant.

Lors de cette promenade crépusculaire au pays du blues fantôme, Demêtre et Chauvard découvrent à Detroit un grand : John Lee Hooker. Ils en rapporteront une photo célèbre où l'on voit le musicien, dans Hastings Street, chemise blanche, pantalon marron froissé, avec sa guitare, une image bien loin des futures Cadillac et de la vie de château. John Lee porte à la fois le passé puisqu'il se rappelle avoir croisé, enfant, Blind Lemon Jefferson, et l'avenir. Dans le livre des deux *froggies* (*Voyage au pays du blues*), un ami conseille à John Lee de prendre des cours de guitare pour améliorer sa technique. John Lee répond : « Pas besoin ! Je risquerais d'y perdre ma sensibilité. » Et de la sensibilité, il en a, un blues rodé dans la poussière du vieux Sud comme beaucoup, hérité de la puissance tribale africaine. Presque comme un dieu cherokee avec du sang noir. Il va plus loin, plus profondément que les autres, balançant un chant incantatoire, tremblé, sur une rythmique tambour. Avec John Lee Hooker, le Delta rejoint les pulsions du voodoo, lui qui n'a jamais beaucoup fréquenté l'école et croyait jadis à la magie : « Les Blancs de ce temps, dit-il, nous tenaient par la peur et l'ignorance. Ils nous persuadaient que l'homme blanc possédait un troisième œil caché qui lui permettait de voir et d'entendre tout ce que nous faisions, tout ce que nous disions, où que nous soyons. Même dans une cave, même au fin fond d'une forêt. »

Né à Clarksdale en 1917 ou 1920, dans cet État du Mississippi, il écoute les prédictions de son père métayer qui parle de Satan et du Péché. Bien sûr, la route s'empare de lui comme d'autres avant. La nuit, John Lee, petit gosse, suit dans les *honky-tonks* deux artistes de quarante ans. Deux nomades que l'histoire n'a pas retenus et un bébé ange tutélaire. Dès que les hommes s'arrêtent pour parler aux filles, ils confient leurs guitares à la garde de l'enfant. Elles lui semblent magiques, et il s'endort en les serrant dans ses bras.

On le retrouve à Memphis souffleur dans un petit théâtre noir, le New Daisy. Il se déplace un peu dans le Sud, où il devient bûcheron, garagiste, puis remonte, du côté de Cincinnati, vidangeur, veilleur de nuit. Il débarque à Detroit un beau jour de 1943, en pleine guerre contre le Japon. La cité industrielle bouillonne d'acier et de fumée, des milliers de Noirs s'y précipitent, dorment à même le sol, campent là où ils échouent, dans le quartier de Hastings, le ghetto noir.

Quand Demêtre et Chauvard s'y rendent à leur tour quinze ans plus tard afin de rencontrer la nouvelle perle du blues, ils empruntent une rue longue de plusieurs kilomètres, avec ses maisons basses en brique et en bois, des baraquements déglingués entourés de poubelles, des terrains vagues. Des tavernes louches diffusent une musique de bastringue, cachant des salles de jeu glauques. Elles restent flambantes jour et nuit, débordent de monde. Là-bas, écrit le pianiste Detroit Count, dans *Hastings Street Opera*, « la boutique de Mrs Rice sent le poisson jusqu'à Los Angeles. C'est le seul endroit où on peut acheter un hamburger au bon goût de poisson. Au Silver Grill, vous consommez seulement après avoir saoulé le patron. Au Golden Bell, il est recommandé d'apporter une pelle pour se tailler un passage jusqu'au bar à travers la sciure. Au Leland, les barmen sont toujours armés. Au Hung-One Ranch, vous pouvez vous battre tranquillement sans faire fuir la clientèle. Et si vous avez raté un film il y a cinquante ans, vous êtes sûr de le voir au Willis Theatre. »

Au milieu de ce fatras, de ces odeurs de poisson et de poubelles éventrées, une étoile se lève : John Lee Hooker, jeune musicien ouvrier chez Ford puis concierge dans une usine automobile qui doit affronter une industrie du disque sinistrée. Les syndicats de musiciens, mécontents de la concurrence des juke boxes, et l'économie de guerre interrompent les enregistrements pendant deux ans. La lumière astrale de Chicago fait de l'ombre à l'industrieuse Detroit tandis que Hooker, avec son bagage primitif de semi-analphabète, brûlé par la terre ocre du vieux Sud, invente une nouvelle langue à la manière des griots, se fout des mesures et de tout le reste, murmure à bouche fermée, lance de longues plaintes. En 1948, il enregistre deux faces dans un studio aménagé à l'arrière d'une boutique juive. Le producteur sature sa voix, amplifie sa guitare et place un micro près de son talon sur lequel John Lee Hooker a fixé une capsule de Coca-Cola. Le symbole du capitalisme ricain au secours du blues. Bien vu : le rythme du pied qui ponctue chaque note, chaque gémissement ajoute à l'évocation imagée du terreau africain. L'un des morceaux, *Boogie Chillen*, petite pièce de feu avec riffs lancinants de guitare, silences, chant suggestif, jette brutalement Hooker en plein jour. « Je suis le véritable inventeur du boogie ! » lance-t-il. Personne n'est obligé de le croire mais sa conviction trouble. Le succès foudroyant de son style brut l'emmène dans les salles prestigieuses, à Chicago, à New York. Marié, père de famille, il est cependant rattrapé par la malédiction des anciens. Le jupon magnifique. La femme aimée et vite délaissée. Le sang du désir coule dans ses veines. Comme Charles Patton autrefois, John Lee consomme une admiratrice chaque soir. Et il s'en faut de peu que le diable Legba et le fantôme de Robert Johnson ne le happent. On n'a pas tué le spectre ni fini d'expier le Péché originel. À Harlem, une main empoisonne son whisky, et Hooker manque de mourir. Mais il se rétablit tant bien que mal, conserve une vigueur et une folie dont son blues se repaît avec un appétit pantagruélique, mêlant haines et engagements comme dans son attaque politico-misogyne de 1952, *Democrat Man* : « Les Démocrates nous ont remis sur pied / Ces traîtresses de femmes ont voté contre eux / Il a dit aux femmes qu'il leur rendrait leurs fils / Mais il les a renvoyés sans leur donner de travail. » La guerre de Corée, Eisenhower, et toute la droite conservatrice lui procurent bien des aigreurs d'estomac. Le système se venge. Malgré la réussite de *I Am In The Mood* (1951), Hooker ne parvient pas à sauver son contrat avec Modern qui n'est pas renouvelé. Les dieux veillent sur lui. À chaque éclipse, de nouveaux mécènes célestes aideront ce Noir fier.

Les premiers viennent d'Allemagne. À la fin des années cinquante, Horst Lippman et Fritz Rau créent l'American Folk Blues Festival. Il est aux bluesmen noirs ce que le Buffalo Bill West Show, en 1900, fut aux Indiens, une sorte de joli temple magique où parade la culture ancestrale devant des Blancs en extase. En 1962, la première a lieu. Les Berlinois découvrent T-Bone Walker, Willie Dixon, Memphis Slim, Sonny Terry et Brownie McGhee et bien sûr la surprise. Ce soir-là, la nuit dissimule une foule tout en rumeurs, retenant son souffle. Du fond des ténèbres, jaillit un son de guitare rocailleux. Une lumière légère se lève sur une ombre, un chapeau, des bagues dorées. L'homme est tout en noir comme une sorte de vision mortifère, avec deux grands verres sombres à la place des yeux et un visage glaiseux constellé de flaques de lumière. La lourdeur du timbre, l'incantation sauvage fascinent les intellectuels et princes de Hambourg. Pour la centième fois, John Lee Hooker renaît, phénix éternel, mélange de feu et de terre à l'image de son morceau *Burnin' Hell*.

Bien d'autres renaissent aux côtés du grand Hooker. Toutes les fleurs sauvages du blues, orties brutes ou chrysanthèmes raffinés, se retrouvent en Europe, étonnées de ce qui leur arrive, ayant essaimé à Chicago, à New York, un peu partout. Je suis un Blanc, élevé à Paris, à Londres, à Berlin, et je désire humer le parfum du Mississippi. Grâce à l'American Folk Blues, ils sont là, à ma porte, authentiques. J'aperçois une descendante de Bessie Smith. Cette gueularde de blues passe sa robuste hure par l'entrebâillement du rideau de satin. Elle porte une chemise à carreaux de bûcheron, une salopette, coiffée d'une casquette en laine, avec des rangers qui lui donnent une démarche de hussarde.

Son rire tonitrue un peu partout à la manière d'une Gargamelle amateur de bonne chère. Elle a un côté ogresse au bon cœur, et beaucoup l'adorent, même si elle dépasse de quelques centimètres les hommes. On dit qu'elle s'est révélée dans une autre merveilleuse caravane, le Johnny Otis Show chargé de présenter l'héritage négro-américain. En 1952, les deux grands compositeurs Leiber et Stoller ont composé pour elle *Hound Dog*, et, malgré le succès, l'Amérique finira par l'oublier, retenant surtout la version du Blanc Elvis Presley. En ce début des années soixante, Willie Mae Thornton dit *Big Mama* a conservé toute sa violence. Un grand gaillard a-t-il du mal à soulever une caisse de batterie pour la mettre sur le toit d'un break, elle l'engueule : « T'as pas de muscles, *motherfucker* ! » Elle prend la charge et la soulève comme si de rien n'était. Sa truculence argotique attire tous les beaux gars du blues. Hélas ! Elle parade dans Chicago au bras d'une magnifique jeune femme. « Regardez-moi ! Je suis lesbienne ! » Elle tient à faire connaître à toute la terre son saphisme, charme son pianiste Eddie Boyd. À Baden-Baden, à la veille de jouer dans un casino, pendant cette année 1965, Willie Mae s'habille. En homme à la ville, elle se transfigure en femme sur scène.

— Eh, Eddie, viens m'aider à fermer ce putain de soutien-gorge !

Boyd tâte les seins de Willie Mae qui pèsent chacun leur poids. Une forme de désir naît en lui, d'abord doucement puis fermement. Big Mama ressemble à une stèle de bronze tout droit sortie de l'argile. Il a envie de posséder cette force brute, ce volcan de femme.

— Eh, tu sais que t'as un joli dos, se hasarde Eddie.

— Te casse pas la tête. Tu sais qui je suis, non ? Continue de fermer ce soutien-gorge. J'aime les femmes autant que toi !

Elle est persuadée de dénicher beaucoup de tribades en Europe pour lui tenir compagnie et déchante vite, dans ces nuits de fumée, de sueur, d'alcool. Des jolies affluent après les concerts, papillonnent, mais pas autour d'elle. Ses musiciens ont la primeur de ces faveurs tandis qu'elle demeure au milieu de la scène, oubliée de toutes. Les sonorités du classique *First I Met The Blues* s'estompent comme autant de petites chandelles qui ont éclairé sa face noire, sa passion profane. Elle entend un bruit, se retourne. C'est Buddy Guy qui range ses guitares. Il est pas si laid que ça, finalement, il aurait même une sorte de profil jeune premier avec ses cheveux gominés, décrêpés, son visage angulaire. Tant qu'à faire !

— Hé, Buddy ! crie Willie Mae, je veux coucher avec toi, ce soir !

Buddy jette un œil à droite, à gauche. C'est à moi qu'elle cause ? Oui, c'est bien à moi ! Qu'est-ce qu'il lui prend ? Son expression trahit un grand effroi.

— Mais on peut pas, Big Mama ! Tu sais bien qu'on est comme deux copains. On peut pas faire ça !

— *Motherfucker*, je veux coucher avec toi !

Buddy résiste et Willie Mae poursuit sa tournée européenne dans la mauvaise humeur. Puis elle rentre aux États-Unis et y retrouve sa foire aux gouines, les plus belles qu'elle ait jamais vues, des grandes, des maigres, toutes les courtisanes à ses pieds. Elle a besoin de cette effervescence, du sexe, du désir et du plaisir, celle qui chante toujours l'érotique *Hound Dog* est heureuse. Chez elle. L'alcool l'usera plus sûrement que le temps normal. On la suit jusqu'à son dernier soupir, en 1984, vieillie prématurément et amaigrie, coiffée d'un grand chapeau texan, les seins tombants. Bientôt, elle ne marche plus. Bientôt, elle ne vit plus.

L'American Folk Blues Festival montre le trajet sublime qui mène toujours d'Orphée, ces caves ténébreuses de la métropole de Chicago aux lustres européens. Voici Theodore Roosevelt Taylor dit Hound Dog, un grand Noir dégingandé, aux traits marqués d'ombres et de ricanements cyniques dont le boogie crachant exhale une odeur de ratière, d'égouts. Loin de ses bases, il ne fera pas un tabac, malhabile, lourd. Pour connaître son secret, il faut briser la vitrine, ne plus s'en tenir à l'observation historique, suivre les pas de Bruce Iglauer, le patron du nouveau label blues Alligator qui partira un jour à la recherche du vieux chien de chasse. Le blues doit survivre. Là-bas, sur des lopins herbeux jonchés de débris de verre et d'ordures, des enfants pieds nus jouent, crient, des grosses femmes traînent leur ballot de linge jusqu'à leur taudis. C'est l'univers de Hound Dog. Là-bas, au Florence's, baraque en torchis plantée au centre du terrain vague, le héros du blues funèbre s'est réfugié. Des voitures déglinguées pourrissent au soleil, d'autres bougent lentement, avant d'expirer le long des routes. Aux abords, toute une faune – qui semble venir de la fantasmagorie de Hound Dog lui-même – erre au coucher du soleil, sous la brume sale de la pollution : macs aux couleurs hurlantes, vendeurs de verroterie, trafiquants de drogues, ivrognes déguisés en Diogènes phraseurs, et, à l'intérieur, belles-de-nuit au trop vif rouge à lèvres, danseurs de bastringue, tricheurs entassés devant des rideaux cramoisis, les grandes enceintes d'or noir posées sur des malles aux trésors. Comme des flèches d'église, les fines poutres, ornées de gravures, traversent la scène gothique. On attend le Florentin des bas-fonds. Du vieux break cahotant, rempli d'instruments, deux hommes débarquent, saoulés à la vodka. Ils racontent des blagues de cul, jouent les bouffons. Le batteur Ted Harvey et le guitariste Brewer Phillips brandissent fièrement l'étendard des Houserockers. Ils témoignent d'une grande fidélité à leur maître, le sphinx, calme au milieu d'eux, sans un mot, ce *Hound Dog* Taylor, chemise rayée et pantalon de lys. Son œil a la folie d'une braise ardente. Il ne dit rien mais observe, pénètre l'âme. Celle de son lieutenant, Brewer, bouche édentée, lui-même au bord du déséquilibre, qui craint et vénère son chef. Un soir, le dogue a bu une bouteille de trop et entraîné son ami dans l'irrationnel, lui fracassant la mâchoire à coups de revolver. Brewer s'en est remis et a continué à jouer pour son maître. Quelque lien mystérieux les soude, une synergie sauvage. On sent que tous les trois, Hound Dog, Ted et Brewer, pourraient s'immoler ensemble, dans un gigantesque feu d'artifice. Rien ne les détourne de leur course en avant, comme s'ils partageaient un secret terrible.

Quel est ce secret, le secret du silence de Hound Dog, le mystère de son œil malade en cette soirée de 1975 ? Au fond de sa grotte, il balance les notes à vive allure, un son d'électricité saturée, des aboiements de mort, si bien qu'on arrive presque à voir voler des ailes de corbeau autour de lui, des fantômes macabres sortir de ses iris sanglants, de sa peau décharnée et rugueuse. La lumière explose en un flash. Nuit chaude, rupture de courant. Hound Dog se penche à la lueur d'un briquet, répare les fils avec du chewing-gum. Les baffles grondent à nouveau, il prend son *bottleneck* scié dans un pied métallique de tabouret de cuisine et en arrache des plaintes lugubres, un gros bruit rauque d'humain en bout de course. Et puis, il y a toujours cet œil noir d'agressivité, plein de mépris, vacillant au bord de cette folie nocturne qui paraît sur le point de l'absorber corps et âme. Il lutte pour rester à la lueur de la faible lumière. On ne l'aime pas, lui. « Je sais pas combien de temps je durerai mais profitons de ces instants. » Personne ne comprend, seul son entourage baisse les yeux. Brewer reboit un coup de vodka et s'échappe. Et pourtant, il faudra un jour comprendre. Dans cette soirée de 1975, Hound Dog l'est, vivant. Plus pour très longtemps avec son visage de feu et son foie rongé par le chancre, aussi dur qu'une pierre. Il hurle le blues pour chasser la mort, la souffrance. La cirrhose cancéreuse gagne sur lui. Cette fois, on comprend sa morgue, sa violence, son désespoir. Les bluesmen ont combattu les crues, le racisme, la pauvreté. Hound Dog, lui, aboie au crépuscule de sa vie... contre le mal ! Après le concert, il s'accroche aux ombres. Il ne veut pas rester seul, il a peur de la nuit. Son visage mortifié disparaît dans l'obscurité. 1975 est la dernière année de Hound Dog Taylor, et le Florence's, le tombeau des vieux chiens de retour.

En même temps que la grande Willie Mae ou Hound Dog Taylor, l'American Folk Blues Festival accompagnera les années soixante puis déclinera à l'aube des années soixante-dix. Mais les bluesmen hantent désormais, définitivement, la conscience du Blanc, élevé à Paris, Londres ou Berlin, et qui, un jour, décidera d'aller voir de plus près les dieux du Mississippi.

Chapitre 6

Nos amis les Anglais et les Protées du blues

Il a observé ce jeune homme blond et n'en croit pas ses yeux. On dirait une fille ou un éphèbe miraculeusement beau avec sa couronne de cheveux d'or. Le pianiste Ian Stewart, arrivé de son petit village écossais où il s'ennuie à mourir, rencontre enfin le petit prince, celui qu'il a vu, enfant, dans ses livres d'images. Un beau rêve. Il se pince et tient serrée sur son cœur l'annonce du journal *Jazz News* tel un parchemin de l'ancienne Égypte : *Brian Jones cherche musiciens pour former groupe de rhythm and blues.*

Ian a vu dans ce message l'occasion d'échapper à cette Angleterre conservatrice d'après-guerre où son mode de vie, sa solitude musicale déplaisent aux bonnes gens. Des vieux qui se couchent tôt, pestent contre le temps, les nègres, les jeunes. À sept heures, les rues se vident, et le silence engourdit la cité de Pittenween. Les rares couche-tard distinguent une loupiote au sommet d'une maison. La sienne. Cette unique étincelle lui vient de l'émission Chicago Blues. Elle lui a permis de découvrir ces artistes formidables qu'il ne connaissait pas, des pianistes de boogie venus de Chicago – Albert Ammons, Meade Lux Lewis – à la technique si véloce. Chaque matin, et pendant la journée, il attend avec impatience son émission fétiche, allume la radio tandis que la musique passe trop vite. Grâce à eux, il a appris le piano et, aujourd'hui, en retire son plus grand plaisir.

Ce Brian Jones à l'allure de petit prince lui tend la main pour l'emmener ailleurs, vêtu de sa veste chamarrée d'or et agrémentée de franges en daim, portant contre lui un disque, précieusement, comme la dernière merveille du monde. « Qui est-ce ? » demande Ian Stewart. Brian lui donne l'album : « Howlin' Wolf, un bluesman de Chicago ! » L'Écossais l'emprunte et écoute le chant chaotique du vieux loup. Magnifique !

Il ignore que Brian Jones fait partie de ces évangélistes pleins d'une énergie nouvelle. Le sang de la jeune Angleterre bouillonne. Et pourtant, d'autres l'ont précédé en ce début des années soixante. Juste avant lui, se dresse le tromboniste Chris Barber qui, un jour, est revenu d'Amérique, la malle bondée de trésors. Ce jazzman de style new-orleans très porté sur le rhythm and blues a l'habitude de réserver des surprises pendant ses concerts. Un soir, il présente l'harmoniciste Sonny Boy Williamson II à un public excité par le spectacle noir et torride, le swing rêche du blues. Brian Jones se fraie un chemin à travers la foule en transe. Il a compris et son nouvel ami, rencontré dans un club de Londres, Keith Richards, aussi. Lui n'est pas remonté plus haut que Chuck Berry mais Brian éclaire sa lanterne.

— Écoute ça !

Keith sourit. Le disque gratte.

— Qui c'est ?

— Robert Johnson.

— O.K., mais qui est l'autre guitariste ? s'interroge-t-il.

Brian sourit.

— Il n'y en a pas. C'est Robert Johnson. Il est tout seul !

La puissance de cet artiste si lointain stupéfie le néophyte. « Nous jouerons cette musique ! »

Cette période qu'on appellera en Angleterre le blues boom n'est donc pas une vue de l'esprit. Une génération se lève autour du guitariste Alexis Korner, un émule de Chris Barber, qui en 1961 a fondé les Blues Incorporated. Il erre de club en club. L'élite du jazz le repousse comme le chef d'une secte malfaisante à tel point qu'il finit par créer sa propre scène, le Ealing, où il accueille Brian Jones, le « premier » Blanc à jouer de la *slide guitar* comme les grands maîtres noirs du Delta, la voix blues d'Albion, Long John Baldry, Keith Richards et le jeune chanteur Mick Jagger, une partie de ce qui deviendra les Rolling Stones dont le nom – vagabond – sera emprunté à un morceau fameux de Muddy Waters (*Rollin' Stone*).

La musique primitive possède désormais sa chapelle sacrée et personne ne pourra l'en déloger. Bientôt, les groupes de blues affluent, à Londres, Liverpool, partout : John Mayall dirige brillamment ses Bluesbreakers, autre école du blues blanc anglais où se révéleront Eric Clapton et Mick Taylor ; le passionné Peter Green sublime les Fleetwood Mac, alors formation anglaise et blues (qui subira plus tard une sorte d'opération transsexuelle, devenant un groupe américain et rock), enregistre un album magnifique à Chicago, entouré de musiciens noirs (Otis Spann, Buddy Guy...) ; les Animals d'Eric Burdon reprennent

John Lee Hooker (*Boom Boom*) ; en 1964, les Yarbirds, au carrefour du blues, du rock et du hard rock, invitent l'incontournable Sonny Boy Williamson II à une tournée anglaise tandis que Brian Jones crée et dirige brillamment, selon ses désirs, les Rolling Stones, se ménageant un petit plaisir : convier Howlin' Wolf à participer à un show télé. Et que dire d'Eric Clapton, *Slowhand* ou *God,* magnifique héraut qui a épuisé les groupes à vocation blues comme autant de bagages ludiques – Cream, Derek and The Dominos, Blind Faith –, perdant un fils du haut d'un immeuble, sombrant dans l'alcool (ne s'est-il pas inscrit chez les Alcooliques... anonymes ?) et la drogue avant de se régénérer on ne sait comment jusqu'à troquer son âme blues avec le démon de la variété. La survie est peut-être à ce prix, renoncer au blues pour se sauver. Clapton a aligné tant de morceaux de bravoure, on citera son duo avec le guitariste archange du Sud Duane Allman, mort en moto en 1971.

Le blues féconde une musique britannique en perte de vitesse par rapport à son grand rival américain. Aux États-Unis, la note bleue navigue dans le brouillard. Rapides comme l'éclair, le rock and roll, le rhythm and blues ont relégué les vieux pionniers du Delta dans les limbes. Le racisme entre Noirs et Blancs/Noirs dévaste l'édifice.

Le groupe de Los Angeles Canned Heat, tenant d'un blues psyché, aérien, emprunte son nom à un morceau de Tommy Johnson. Bien choisi. L'écolo fantasque Alan Wilson, avec ses lunettes de grosse chouette, son petit air d'intello perdu, se démène pour maintenir cette chaleur en conserve, un blues bouillonnant, fumant. Alan ouvre légèrement la boîte de Pandore, il est ébloui, plonge sa main et retire un peu de la flamme des Johnson, la frotte sur sa musique comme un alchimiste la pierre de lune. Entraînant sur son terrain Son House et John Lee Hooker, il sacrifiera tout à sa passion. Quand des membres de son groupe retrouveront le corps d'Alan sans vie dans son jardin en 1970, il aura accompli son plus cher désir : offrir son âme à ses deux maîtres noirs et se battre, lui qui écrivait avec une étonnante ferveur : « Les séquoias de Californie sont les plus hautes choses vivantes sur terre, presque les plus vieilles, et les plus belles. Ils dominaient les bois de l'hémisphère à l'époque des dinosaures... Marcher à travers cette forêt est une expérience unique sur terre. Mais au cours des cent dernières années des millions d'ares ont été tronçonnés pour faire des parcs nationaux. À ce rythme, il ne restera plus rien de ces majestueux arbres... » Alan a préféré disparaître lui-même. Conservateur du blues et de la nature.

Il a cependant bien relayé la Beauté. Les flamboyances du quartier

Haight-Ashbury, dans le San Francisco fleuri de l'année 1967, érigent un autel au dieu Blues qu'on décore de fleurs, de guirlandes, de frises vermeilles. Chacun apporte au pied du bronze son offrande personnelle. Le fils d'un milieu juif aisé (Mike Bloomfield), un Noir cherokee de Seattle (Jimi Hendrix) et des enfants de la *working class* anglaise (Animals) se disputent l'héritage. Pendant qu'on installe la musique bleue derrière une vitrine de musée, d'autres la secouent, la font tanguer en une valse éblouissante et prismatique. Jimi Hendrix, vêtu de ses chemises liserées d'or, un bandeau bleu autour de la tête, le corps ardent, sort le blues de sa beauté noir et blanc, le plonge dans un bain de lumières, d'extase mystique. Il compose *Red House*, l'étire, le raccourcit, selon son gré, une maison chauffée à l'électricité et aux fantasmes, dont chaque pièce semble hantée par les mânes d'Elmore James.

Il y a aussi Mike Bloomfield. L'élégance et la flamme s'accordent naturellement chez lui. Cet instable s'est trouvé une forte tête avec laquelle faire un festin de notes, Paul Butterfield, harmoniciste grande gueule, doté d'une personnalité assez forte pour investir le ghetto noir de Chicago en force et sans douter de son charme. Au lieu de mourir égorgé dans le caniveau, il impose le respect. Le Paul Butterfield Blues Band naît ainsi au début des années soixante dans la vénération violente du Chicago sound. Aux guitares, Elvin Bishop et surtout Mike Bloomfield tressent des circonvolutions sinueuses et spirituelles, créent un carrefour où se fondent le psychédélisme, l'orientalisme et le blues. C'est *East-West* (1966), joli pont jeté entre les cultures, aussi long qu'un cobra, les rives, sentant bon la liberté. Mais peu de temps après, Bloomfield s'en va revivre le mythe du Juif errant. Éternel jeune homme avec sa chevelure broussailleuse, son visage poupin, sa nitescence intérieure, il crée Electric Flag, un groupe comète comme il en a le secret, sobrement nommé : *An American Blues*. Ce Protée du blues change alors de peau, élargit son décor, s'habillant magnifiquement en flatteur de la musique noire. « L'Electric Flag, écrit-il, est un groupe de musique américaine. Musique américaine ne veut pas dire forcément qu'elle vient directement d'Amérique. Je pense surtout à la musique que vous entendez dans l'air, à l'antenne, dans les rues ; blues, soul, country, rock, musique religieuse, trafic, foules, sons urbains et sons champêtres, le bruit des gens et le silence. » Sa merveille (*Easy Rider*) est un blues de cinquante secondes, pluvieux et velouté, plein de gouttes, chauffé à l'intérieur par un âtre doux. Il revient à notre musique après avoir joué si brillamment aux apprentis sorciers.

Dans ces années soixante, un jeune Noir traîne dans le quartier de Fillmore. Ses parents ont émigré du Sud jusqu'en Californie au milieu des années quarante. Le soir, il n'a qu'une idée : quitter au plus vite son collège pour se rendre au Fillmore Auditorium où se produisent les plus grands artistes du rock et du blues, les Temptations, James Brown, Little Richard... Il commence à jouer dans les clubs, du blues, de la soul, du rhythm and blues, à quinze ans. Joe Louis Walker sait qu'il est béni de talent et peut-être cette étrange lumière attire-t-elle sur lui la chance. « Hey, toi ! » Un homme le hèle de l'autre côté de la rue, au milieu des fripes tango de Haight-Ashbury et des étoiles scintillantes d'un bar bleu. C'est Mike Bloomfield. Joe Louis jurera toujours que leur première rencontre s'est accomplie par hasard et que probablement Robert Johnson veillait à leur destin. « Quand Mike a formé Electric Flag, racontera-t-il lors d'une interview publiée dans le magazine français *Soul Bag* (automne 1996), tous les musiciens sont allés habiter chez lui, puis ils l'ont viré et il a dû venir habiter chez moi avec le pianiste. Et on est devenus bons amis. »

Joe Louis apprend beaucoup. « C'était une encyclopédie vivante de la musique américaine. Le dimanche après-midi était consacré au banjo et à la musique country and western, le samedi c'était le jour du blues... Il était la musique américaine à lui tout seul. Tous les jours, il y avait des musiciens qui passaient. J'ai hébergé Carey Bell, un membre de l'orchestre de Muddy Waters. Même Bob Dylan est apparu un jour et Mike a dit : « J'veux pas lui parler, il m'énerve... Ouais, dites-lui que je suis pas là. » Bob Dylan qui admire Mike Bloomfield l'invitera à jouer sur son chef-d'œuvre, *Highway Revisited 61*. « C'est le seul type que je connaisse qui ait été capable de terminer quelque chose en studio avec Bob Dylan, ajoutera Joe Louis, puis de rejoindre le pianiste Sunnyland Slim, de saisir sans la moindre hésitation tout ce qui se passait entre les musiciens dans ce studio, et de s'adapter en mettant tout le monde à l'aise. » Du blues *City Girl* aux séances acoustiques un peu western avec Woody Harris, Mike embrasse toutes les couleurs, ouvre même un club de jazz en hommage à son ami, le vétéran illustre du Delta, Big Joe Williams. Ils voyagent ensemble, se pintent et se battent mais s'adorent. Joe Louis se rappelle avec émotion sa vie avec Bloomfield. Quand il rentre après le concert à quatre, cinq heures du matin, Mike ne dort pas, s'exerce sur le piano du salon. Il ne veut plus jouer seul et demande à Joe Louis de l'accompagner, lui enseigne bien des secrets. « Mike savait tout sur les différents accords, sur la technique et le style des bluesmen de la côte Est. Tu sais, en *flat-picking* il y a des musiciens hyper-rapides. Mike était hyper-rapide.

Mais en *finger-picking* il jouait aussi vite et aussi bien que Doc Watson par exemple. Il faut que les gens sachent qu'il serait devenu un musicien exceptionnel, un musicien de génie, s'il ne s'était pas laissé avoir par la drogue. La drogue baise tout le monde. » La drogue, parlons-en, en ce jour d'hiver 1981. Mike Bloomfield s'endort paisiblement dans sa Buick dorée, juste en bas de chez lui, sur ces belles rues penchées qui font les délices du vieux San Francisco. Il ne se réveillera pas. Une boîte de Valium vide gît sur le siège, à côté de lui. Mort d'un bluesman. L'artiste connaissait à ce point la musique, l'art de vivre et de mourir qu'il a décidé d'imiter Hank Williams, pionnier de la country, mort lui aussi d'excès dans sa Cadillac rose bonbon.

Joe Louis Walker, plein de chagrin, repartira seul et portera l'étendard d'un blues cuivré, assez sophistiqué. On l'a vu, souvent tiré à quatre épingles ou vêtu comme un péquenot de Las Vegas, avec un pantalon de cuir mauve, une chemise bariolée, tenant d'un mauvais goût sûr, en léopard. L'homme ne se livre pas. D'apparence hautaine, prétentieuse, il dissimule au plus profond de lui ses failles, la douleur de ses deuils. Des albums brillants émaillent sa course.

Mike Bloomfield mort, Alan Wilson, suicidé ? Les bluesmen blancs assument avec difficulté l'héritage. Le guitariste au son déchiré Roy Buchanan (auteur du strident *Five String Blues*) erre la nuit, après avoir battu sa femme. Les flics l'appréhendent. « Vous avez trop bu, monsieur... – Allez vous faire foutre ! » On le place dans un dessoûloir. La nuit est profonde, le désespoir à son comble. Le lendemain, on retrouve le grand Roy dans sa « cage »... pendu.

Johnny Winter, l'albinos aux cheveux filandreux, longiligne, se fait un petit plaisir : il produit à la fin des années soixante-dix les albums du vieux Muddy Waters, mais la drogue le détruit et la lumière blesse ses yeux fragiles de lapin. On prétend qu'il refuse de jouer avant le coucher du soleil. Et la série *Miami Vice* le hisse sur un sommet de granit blanc, escroc fantastique au milieu des Testa Rossa floridiennes. Tout est blanc alors qu'il est un nègre parmi les Blancs.

La légende blues attire aussi une « bonne fille » du Texas, Janis Joplin, aux cheveux graisseux, souffrant d'une maladie de peau qui, dès l'adolescence, a enflé son corps. Elle n'est pas belle et sent que la charmante société de Port Arthur rejette sa truculence. Celle qui aime la musique noire – choix politique et désir de liberté – apparaît un jour du côté de San Francisco avec sa voix de faïence brisée par l'alcool, chantant un blues hurlé, paroxystique. Énorme. Janis devient célèbre du jour au lendemain, elle qui dira : « J'suis connue et j'peux même pas trouver quelqu'un avec qui baiser. » Elle interprète *Ball And Chain* de Big Mama Thornton, *Mercedes Benz*, *Move Over*, reine blanche à la fois noble et grotesque avec ses bracelets, plumes, sandales dorées et deux pois roses sur les joues, déguisée, comme l'écrit sa biographe Myra Friedman, en « foutue vitrine de fleuriste ».

Janis s'enferme la nuit après les concerts dans sa roulotte, sur un canapé poussiéreux, une bouteille de whisky vide à ses côtés. Elle cogite, ressasse, se souvient d'une soirée : il y a quelques années des riches mécènes – intellectuels, artistes – invitèrent une chanteuse de blues. Après avoir beaucoup bu et interprété sa musique de tripot sous les applaudissements, elle montra des signes d'agressivité envers ce public de richards. Quelqu'un murmura à l'oreille de son voisin : « Filons avant qu'elle montre son cul. » À ce moment, la maîtresse de maison s'adressa à la chanteuse : « Permettez-moi de vous embrasser avant que nous nous quittions. » L'autre, saoule, lui envoya un violent coup de poing : « Tire-toi de mon chemin ! » Le mari rattrapa la blueswoman au moment où elle quittait la pièce, portée par deux amis : « Vous avez été formidable, madame Smith. »

Janis pense souvent à cette histoire sur la grande Bessie Smith. À la fin de sa vie, elle voulait agrandir son répertoire, dépasser ces « trucs d'une autre époque », toucher un autre public. Son but : sortir du blues. Quarante ans plus tard, Janis n'a qu'une idée : y entrer. Elle réussira parfaitement, attirant même sur elle la malédiction bleue.

Janis meurt d'overdose tandis que John Lee Hooker entame une nouvelle traversée du désert jusqu'aux années quatre-vingt. Le blues, en éternel désamour, a perdu son amour. L'Amérique boude encore une fois sa culture jusqu'à ce geste presque chevaleresque et non dénué d'arrière-pensée : le rusé Berry Gordy décide de « jeter un chaud » dans la galerie des belles élégances, sa propre maison Tamla Motown, dévouée aux petits prodiges et aux vocalises féminines. Luther Allison a l'âge du Christ et donne en pâture son festin ocre. Dans le catalogue très bon chic de Tamla, à côté des Marvelettes et Little Stevie Wonder, le prince luthérien aligne au début des années soixante-dix trois albums où, voix rageuse, il tangue entre le blues profane et la soul sacrée (il ne faut pas heurter ses hôtes) comme une sorte de gesticulation désespérée, proche de l'Enfer, et parmi cette trilogie, une pièce maîtresse, ce *Luther's Blues* (1974), rarement égalé par le magicien lui-même, qui montre son corps brûlé vif dans le chaudron de Chicago. La photo navigue dans les ombres traversées de lumières rouges, une ambiance nocturne et incendiaire. « Ma famille et moi, nous nous demandions ce que nous pouvions trouver dans cette grande ville de Chicago. Nous ne connaissions personne, nous ne savions pas du tout comment nous comporter. Les gens disaient du mal de nous parce que nous venions de la campagne. Quand vous êtes jeune, vous devez vous bagarrer tout le temps. Les autres se moquent de vous : « Eh toi, le bouseux, fous le camp, laisse-nous ! » Ils ne réalisent pas que, sans les paysans, les grandes cités mourraient de faim. »

Je suis venu le rencontrer dans la froideur d'un hiver parisien. Le grand Luther, même un peu fatigué, moins explosif qu'à l'époque de ses trente ans, étincelle, et je le regarde vibrer, comme à ses plus beaux jours, dans la salle à manger de son petit appartement de Saint-Cloud où il vit avec sa compagne Rocky. Pas de quoi accueillir un prince, plutôt un lieu modeste, décoré chichement. « Être ici à Saint-Cloud, et parler de tout ce qui s'est passé autrefois, remonter le temps. C'est une recherche que je mène régulièrement. Je veux me souvenir, être toujours capable de dire : j'ai été rejeté ! » Il traîne une blessure éternelle, une émotion à fleur de peau. *J'ai été rejeté !* Peut-être est-ce le lot des grands bluesmen, ce sentiment d'exclusion qu'on porte comme une sorte de fleur vénéneuse. Toute l'œuvre de Luther revient à l'autobiographie, imprégnée de l'éros maternel, depuis les premiers frémissements jusqu'au crépuscule. *I Hear Mama Cry*, chante-t-il. « Bien que ma mère ait eu tous ces enfants, elle travaillait aussi longtemps et aussi durement que mon père. Lorsque j'étais bébé, elle me déposait au sommet d'un ballot de coton qui me servait de lit. Ainsi, elle avait toujours l'œil sur moi pendant qu'elle faisait les récoltes. On pouvait parfois entendre mes parents pleurer à travers les cloisons de la maison. Ils ne savaient pas comment survivre. Vous avez une maison, une vache pour le lait et le beurre, quelques poulets, et il faut trouver le moyen de les garder. Mais mon père, après toutes les épreuves traversées, est devenu aveugle quand nous sommes arrivés à Chicago. Il passait quatre-vingt-quinze pour cent de son temps à l'intérieur de la maison, assis en hiver comme en été. » Luther s'interrompt, regarde à nouveau au-dehors. Il pleut sur Saint-Cloud. *I Hear My Mama Cry*... Ces pleurs sont chez lui magiques et tragiques. Ils résonneront encore longtemps dans son âme baignée d'amour maternel. « Ne laissez pas le Diable voler le rythme au Seigneur », a écrit Mahalia Jackson.

Devant sa propre perte d'énergie, les atermoiements des héritiers, son fils Bernard, et le virtuose Lucky Peterson, incapables de prolonger la lignée purement, Luther chuchote aux oreilles des Parisiens le nom des ancêtres. Encore et toujours John Lee Hooker, en perpétuelle résurrection, cette fois grâce au guitariste Carlos Santana. Le Mexicain et vieux lion du Mississippi. *The Healer, Boom Boom, Mr Lucky*... Ces albums miracles ont gardé une fureur enfouie au plus profond des âges.

Aujourd'hui, John Lee est ce vieil homme qu'on vient voir de loin, dans sa demeure californienne, près de la Russian Hill de San Francisco dont il célèbre le vertige avec tant de force. Quelques Cadillac flambant neuves occupent son garage. On dit qu'avant d'entrer dans une pièce, il demande à un serviteur de la faire chauffer à trente degrés. Pendant les interviews, il somnole mais personne ne lui en veut. Il est devenu riche après avoir attaqué les groupes de rock blancs qui reprenaient ses classiques et oubliaient de lui en verser les royalties. Les jeunes musiciens, marqués par l'esprit du blues – Ben Harper, Jonny Lang – viennent puiser dans son âme fossile qui cèle bien des trésors.

Des trésors dont parlait le poète Langston Hughes, marécages, vieilles cités du Sud, prisons des marais, fleurs sauvages. Des êtres de fantasmagorie qu'on a envie de toucher mais qui appartiennent aux rêves comme les deux ancêtres du passage du Nord-Ouest.

Elle regarde l'Orient, transpercée par les flèches lumineuses. On pourrait presque y voir un grand maître de la chevalerie ancienne, un héros de l'Indépendance ou un martyr de la guerre contre le Mexique. Le bronze semble antique. Sa grande cape, le chapeau en feraient presque un vengeur masqué, perdu quelque part dans les légendes populaires. Là, en plein cœur de Dallas, telle une image païenne surgie de l'Antiquité, la statue domine des siècles et des siècles d'histoire. Et pourtant, elle est soudainement arrivée du ciel comme une offrande promise à un enfant du Texas trop tôt disparu : Stevie Ray Vaughan, bluesman blanc de son état, crashé en plein ciel de gloire, a vu la république reconnaissante, celle de JR et des Giants, lui décerner cet autel. L'auteur de *Texas Flood*, nominé aux Grammies meilleur enregistrement de blues traditionnel (1984), a porté de nouveau et durablement, grâce à sa dextérité, guitare en main, et sa splendide passion, le blues sur les fonts baptismaux. Il a obtenu de rejoindre le musée magnifique, le seul que se targue de posséder la si jeune Amérique, le seul qui vaille d'appartenir à son histoire : le blues.

Que reste-t-il de nos amours ? Aujourd'hui, le passage du Nord-Ouest s'est transformé en théâtre. En cette triste année 1997, Luther Allison a rejoint le paradis des bluesmen, celui que chantait Willie Dixon dans *Blues Heaven* (1965) : « Le paradis du blues doit être vraiment doux / Avez-vous jamais songé à un paradis blues / Où les gens qui chantaient le blues pourraient chanter toute l'Éternité / Comme le vieux King Cole qui chantait avec l'âme / et Bessie Smith au chant si pur / Et le pauv' vieux Sonny Boy chantait le blues et jouait de l'harmonica pour moi / Et Blind Lemon Jefferson jouait le blues jusqu'à la fin du jour. »

Sans la voix de Luther, Paris est redevenu froid. Blind Lemon Jefferson, Robert Johnson attendent toujours de vrais successeurs. Et si le blues n'était plus qu'un esprit, une manière de vagabonder, de prier, de penser la musique. Alors Ben Harper, avec ses allures de prêtre mystérieux, sa sensualité lyrique, en serait la métamorphose ultime.

Mais le blues, le vrai, est toujours prêt à renaître dans toute sa pureté, sa magnificence, quand l'Alabama renoue avec les *chain gangs* à la fin des années quatre-vingt. Chaînes de prisonniers noirs frappant encore les cailloux du désespoir. L'Amérique ressasse les mêmes fantasmes. On verra toujours dans nos rêves le Serpent tentateur (*Blake Snake Blues*), le chat noir (*Black Cat Blues*) ou le *mojo*, sorte d'amulette aux vertus ensorceleuses, symboles d'une sexualité mystique et dangereuse, porteurs d'un beau mystère que personne n'élucidera jamais et dont Richard Wright, dans un texte consacré au grand Big Bill Broonzy, définit les paradoxes : « Les bluesmen accusent dans un rire, jugent avec ironie mais en musique, se plaignent en décrivant avec nostalgie des vies affamées et sans amour et, enfin, remportent un triomphe universel par des chants tout empreints d'un joyeux désespoir. » Une flèche noire plantée dans le cœur de Vénus. Irrésistible.

Annexes

Lexique

Barrelhouse : bouge, taverne.

Black Cat : le chat noir dans le blues incarne la poisse.

Black Snake : cette couleuvre de grande taille symbolise l'amant.

Blues : musique folklorique des Noirs basée sur trois accords et douze mesures, née des champs de travail dans les plantations du sud des États-Unis (XIXe siècle). Le terme vient de l'expression : « I've got the blues » (j'ai le cafard).

Boll weevil : charançon qui détruisait les cultures cotonnières au XIXe siècle jusqu'à ruiner certaines plantations. Cet insecte résistant symbolisera dans le blues la lutte contre la ségrégation.

Boogie-woogie : le mot a des origines multiples, il viendrait du terme français « *bouger* » et de quelques dialectes africains comme *bogi-bogi* (danser en krio, dialecte de Sierra Leone). Style de piano apparu dans les bouges au début du siècle : une main brode un motif de huit mesures tandis que l'autre improvise sur le blues.

Bottleneck : petit tube cylindrique enfilé autour de l'index. Le joueur le fait glisser sur les cordes, allongeant les notes dans le style des guitaristes hawaïens du début du siècle.

Crossroad : carrefour, lieu de la rencontre avec le Diable.

Delta blues : forme de blues primaire apparu dans la région du Delta du Mississippi et qui est la base de toute la musique.

Dobro : la dobro est cette guitare munie d'un résonateur métallique produite à partir de 1929. Elle marque une tentative pour accroître le volume sonore de l'instrument. Elle sera très populaire chez les bluesmen.

Finger-picking : technique de guitare. Le pouce joue les basses tandis que l'index et le majeur brodent une ligne mélodique. Cette technique s'oppose au flat-picking (jeu note après note).

Gig : les musiciens appellent gig (du français gigue) leurs engagements temporaires pour des concerts ou des soirées.

Hobo : vagabond, travailleur itinérant, personnage récurrent du blues.

Holler : cri, braillement. Appel modulé entre le cri et le chant que lance le travailleur agricole, au XIXe siècle, aux autres ouvriers dans le champ.

Honky-tonk : bastringue de la plus basse catégorie.

Jug-band : orchestre utilisant des instruments de fortune pendant les années vingt comme ces cruches (jugs) dans lesquelles le musicien soufflait.

Kazoo : instrument conçu avec un peigne, utilisé aussi dans les jug-bands.

Minstrel : ménestrel.

Mojo : ce terme signifie la drogue ou le sexe.

Race records : disques destinés à la clientèle noire (littéralement, enregistrements ethniques) pendant la période 1922-1940.

Rent Party : soirée organisée par un locataire afin de payer son loyer.

Rhythm and blues : apparu au lendemain de la guerre, ce terme générique désigne toute la production musicale noire (en remplacement de la *race music*).

Slide : ce terme qui signifie glisser en anglais désigne cette sonorité que le musicien obtient en faisant glisser le bottleneck sur les cordes.

Washboard : planche à laver de tôle ondulée que le joueur gratte avec ses doigts munis de dés à coudre. L'ancêtre de la batterie.

Zydeco : style de blues en Louisiane qui mêle influences cajuns et intonations blues. Le terme vient de l'expression créole : « les haricots sont pas salés » (en réference aux périodes de disette).

Chronologie

1840
Les travailleurs agricoles noirs, esclaves, propagent les chants de travail à travers les États-Unis.

1900
Ma Rainey (1888-1939), première grande star du blues, commence sa carrière de chanteuse itinérante.

1903
Dans la petite gare de Tutwiler (Mississippi), le jeune étudiant en solfège William Christopher Handy entend un Noir chanter une musique déchirante.

1909
W.C. Handy, né en 1873 en Alabama, couche sur le papier le premier blues jamais écrit, *Memphis Blues* (publié en 1912).

1915
Naissances de trois maîtres du Chicago blues électrique :
— Johnny Shines (Tennessee), compagnon de route de Robert Johnson, venu du Delta blues.
— Willie Dixon (Mississippi), producteur, arrangeur et grand compositeur.
— Muddy Waters, créateur d'une école blues sans égale.

1919-1920
Charley Patton (1891-1934) est le bluesman le plus populaire du Delta (Mississippi). Avec Son House (1902-1988), il influencera beaucoup de pionniers : Bukka White (1909-1977), Big Joe Williams (1903-1982)...

1920
Grâce au chef d'orchestre Perry Bradford (qui le premier a compris l'importance de la clientèle noire), Mamie Smith enregistre le premier blues, *Crazy Blues*. Les Blancs ont compris tout le profit qu'ils peuvent tirer du nombreux public noir. Soixante-quinze mille exemplaires sont écoulés par semaine.

1920-1925-1930
Grande période du blues classique féminin avec la reine, Bessie Smith (1894-1937), Mami Smith (1883-1946), Ida Cox (1896-1967), Alberta Hunter (1895-1984), Lucille Hégamin (1897-1970), Bertha « Chippie » Hill (1905-1950), Victoria Spivey (1906-1976)...

1928
Pour la première fois, le mot « boogie » apparaît dans un blues, *Pinetop's Boogie Woogie*, dû à la plume du pianiste Clarence Smith. Ce style musical endiablé, né dans les bouges au début du siècle, a enfin une identité.

1929
La grande Dépression met fin aux minstrels shows et chasse les Noirs pauvres vers les grandes villes du Nord, Chicago, Detroit...
— Mort du grand bluesman texan Blind Lemon Jefferson (né en 1897) à Chicago pendant un mois glacé de décembre.
— Mort au cours d'une rixe du pianiste Clarence Smith, inventeur du mot boogie. Il a vingt-cinq ans.
— Charles Patton (1891-1934) enregistre *Poney Blues*, un grand classique du Delta blues, veine à laquelle appartient Son House (1902-1988).

1931
La marque Rickenbaker lance son premier modèle de guitare électrifiée que la marque Gibson améliorera en 1936. Le blues bascule dans la modernité. Le premier utilisateur en sera le virtuose de la période blues swing T-Bone Walker (1910-1975).

1930-1940
C'est le règne de Chicago sous l'égide des premiers grands producteurs dont Lester Melrose (1891-1968) qui va sculpter le grand Chicago blues, enregistrant les gloires du blues et du Delta, Bukka White (1909-1977), Big Bill Broonzy (1893-1959), Sonny Boy Williamson I (1914-1948)...
— Les Blancs commencent à s'intéresser au blues : le producteur John Hammond (1910-1987) et l'archiviste John Lomax (1867-1948) avec son fil Alan (1915) enregistrent les bluesmen du Sud, principalement en prison.

1935
Grande période des blues shouters avec le puissant Big Joe Turner (1911-1985) et Jimmy Rushing (1903-1972).

1936-1937
Robert Johnson, né en 1911, enregistre la majorité de ses titres, 29 pièces qui vont révolutionner l'histoire du blues (parmi lesquelles l'incontournable *Sweet Home Chicago* et *Come On In My Kitchen*...).

1941
La guerre du Pacifique déplace encore un peu le blues. On demande de la main-d'œuvre sur la côte californienne. Certains artistes comme Amos Milburn (1927-1980) servent dans des bases navales du côté de Los Angeles. Ils resteront en Californie, jouant pour les soldats démobilisés un mélange de blues, de boogie et de rhythm and blues.

1948
Sonny Boy Williamson II (1910-1965) inaugure sur les ondes KFFA la liaison du blues avec la radio. Son succès amène la radio W.D.I.A (Memphis) à lancer aussi un programme blues. Ces émissions (B.B. King en sera le plus célèbre animateur) destinées au public noir recueillent une large audience.
— La même année, le jeune Muddy Waters (1915-1983) enregistre son premier grand titre, *I Can't Be Satisfied*. Une future star est née.
— Assassinat de l'harmoniciste John Lee « Sonny Boy » Williamson qui imposa la formation classique du blues (à laquelle le rock est souvent resté fidèle) : batterie, basse, guitares, harmonica.

1949
Le magazine américain *Billboard* emploie un nouveau mot : rhythm and blues.
— Le pianiste Professor Longhair (1918-1980) fait découvrir le nouveau blues de La Nouvelle-Orléans, gombo épicé de soul, de rythmes salsa et caribéens.

1950
Deux Hongrois, Leonard Chess et son frère Phil, fondent la maison du même nom. Le producteur-musicien-arrangeur Willie Dixon les rejoint. Le Chicago blues électrique vit son apogée grâce à Muddy Waters, véritable école du blues (où s'illustrent Otis Spann, Little Walter, Junior Wells...) et bien d'autres comme la grande voix fauve, Howlin' Wolf (1910-1976).

1951
Big Bill Broonzy (né en 1893), pionnier du Chicago blues, est accueilli en Europe comme le « dernier chanteur de blues vivant ». Au même moment,

Elmore James (1918-1963) enregistre le morceau essentiel avec son célèbre riff de guitare, *Dust My Broom* et Ike Turner, né dans le Delta, grave *Rockett 88*, un boogie qui est considéré aujourd'hui comme le premier rock.

1954
Un accordéoniste de talent, Clifton Chenier (1925-1987), révèle une nouvelle sorte de blues louisianais, le zydeco reposant sur de fortes influences cajuns.

1955
La maison Chess publie *Maybellene* de Chuck Berry (1926) que Muddy Waters a découvert. Le disque se vend à plus d'un million d'exemplaires. Ce morceau installe la nouvelle musique de danse appelée rhythm and blues et bientôt rock and roll.

1958
Morts de W.C. Handy surnommé le « Père du blues » et de Big Bill Broonzy.

1960
Début du « blues boom » anglais. De jeunes musiciens anglais découvrent le blues et s'en inspirent comme Alexis Korner (1928-1984), John Mayall (1933), Rolling Stones, Animals...

1962
Deux Allemands, Horst Lippman et Fritz Rau, créent l'American Folk Blues Festival, un festival qui permet de faire découvrir aux Européens les anciennes et nouvelles gloires du blues (T-Bone Walker, John Lee Hooker...). Grand succès pendant dix ans.

1965
Un jeune fan de blues, Jean-Marc Monestier fonde le label français Black And Blue. Il propose aux vieilles gloires du blues, un peu oubliées et accrochées à l'Europe, de réenregistrer leurs titres (T-Bone Walker, Big Joe Turner...).

1971
Une nouvelle compagnie, Alligator, créée par Bruce Iglauer, (re)lance un grand nombre de musiciens (Hound Dog Taylor, Son Seals, Johnny Winter...).

1974
Le label ABC ne renouvelle pas le contrat qui le lie à John Lee Hooker, désormais sans studio.

1979
B.B. King réussit une tournée triomphale derrière le rideau de fer, en U.R.S.S.

1984
Texas Flood de Stevie Ray Vaughan (1954-1990) est nominé pour deux Grammy awards : meilleur enregistrement de blues traditionnel et meilleur instrumental rock (*Rude Mood*). L'explosion de Stevie Ray attire un nouvel auditoire vers le blues.

1989
John Lee Hooker, aidé par ses admirateurs (Carlos Santana en premier) entame une nouvelle carrière. Son disque *The Healer* grimpe dans les charts de tous les pays.

1990
Columbia sort l'œuvre complète de Robert Johnson en CD et connaît un succès inespéré (le disque dépassera aux États-Unis les cinq cent mille exemplaires).

1992
Mort de Johnny Shines et de Willie Dixon.

1995
Pour sa douzième, le Chicago Blues Festival célèbre les musiciens nés en 1915. Parmi les invités, deux légendes : Robert Lockwood et Brownie McGhee.

Discographie sélective

Delta

Robert Johnson, *The Complete Recordings*, Columbia, 1990.
À sa publication, cet album qui présente tous les enregistrements de Robert Johnson (gravés entre 1934 et 1936) a connu un succès inespéré. Toute l'œuvre y est : *Sweet Home Chicago*, *Terraplane Blues*, *Cross Road Blues*, *Walking Blues*, *Love On Vain*... Prenant.

Son House, *The Original Delta Blues,* Columbia.
Le retour pendant les années soixante du prestigieux père du Delta, Son House, permit aux jeunes générations de découvrir son blues campagnard, intense et surtout gorgé d'émotion.

Joe Louis Walker, *Silvertone Blues,* Universal, 1999.
Élève du blues californien, Walker livre son album le plus Delta, dépouillé, très acoustique : duos de guitares et piano acoustiques ou harmonica, orchestrations légères. La pièce-titre *Silvertone Blues,* soutenue par une batterie incisive et un piano rapide, est un magnifique morceau de bravoure à la *slide guitar*.

Le courant jazzy

T-Bone Walker, *T-Bone Blues*, Sequel, 1955-1957.
Les classiques (*Call It Sormy Monday, T-Bone Shuffle...)* sont au rendez-vous. Le guitariste survole cuivres et piano discret. Son jeu lisible, sa rapidité d'exécution font merveille dans les rapides *Shufflin'The Blues* et *Two Bones And A Pick*.

Duke Robillard, *Dangerous Place,* PointBlank, 1997.
Cet excellent musicien blanc s'affiche proche de T-Bone Walker. La présence des cuivres, la sonorité très jazzy de la guitare renvoient à une époque bénie. Les années cinquante du rhythm and blues et des orchestres swing.

Boz Scaggs, *Come On Home,* Virgin.
Scaggs réussit un bel exercice de style soul (*Ask Me Nothin' (But The Blues)*, revendique l'héritage T-Bone Walker (dont il reprend *T-Bone Shuffle*), « Sonny Boy » Williamson I (*Early In The Morning*) et Jimmy Reed (*Found Love*) jusqu'à une imitation brillante de la syncope néo-orléanaise façon Fats Domino (*Sick And Tired*).

Country blues

Lightnin' Hopkins, *How Many Years I Got,* Ace, 1962.
Avec sa voix râpeuse et sa brigade légère (batterie, basse, piano ou harmonica), le merveilleux Lightnin' raconte des histoires, chante le *Happy Blues For John Glenn*, premier cosmonaute américain à avoir sillonné l'espace. Comme quoi, le blues sait être moderne.

John Estes, *The Legend Of Sleepy John Estes,* Delmark, 1962.
Sa manière de gémir le blues est unique. Devant un harmonica, un piano et une basse (mais pas de batterie), n'y voyant presque plus, John Estes chante douloureusement *Rats In My Kitchen* et *Death Valley Blues.* Sa fatigue et son âge se révèlent ici un atout.

Nouvelle-Orléans

Champion Jack Dupree, *Blues From The Gutter,* Atlantic, 1958.
Mélange de douceur et d'âcreté, ce « blues de l'égout » est un bonheur pour les amateurs. Il marche au pas, distille sa belle amertume, accélérant la cadence avec un *Nasty Boogie* de bastringue.

Clifton Chenier, *Bogalusa Boogie,* Arhoolie, 1975.
Le roi du zydeco offre un album plein de pêche et de swing. Cela commence avec *M'appel Fou* (on m'appelle le fou) et se termine sur un *Bogalusa Boogie* d'enfer.

Chicago blues

Washboard Sam, *Swinging The Blues*, Frémeaux & Associés, 1935-1947.
Le maître de la washboard n'est pas réellement classable. Participant du grand Chicago blues, il y glisse une autre touche, assez originale, bricolée, pleine de verve et de swing. Ce coffret contient des musts comme *Diggin The Potatoes*.

Howlin' Wolf, *The Genuine Article,* Universal.
Ces deux disques couvrent la majorité de la carrière de Howlin' Wolf. Les chefs-d'œuvre se succèdent (*Smokestack Lightnin', Sittin' On The Top Of The World*...). Que demander de plus ?

Buddy Guy, *A Man And The Blues*, Vanguard, 1967.
Jamais Buddy Guy n'a atteint une telle pureté. Sa guitare miaulante, ses plaintes amoureuses, la fluidité du piano d'Otis Spann nous transportent dans un univers velouté tout en délicats touchers et légères tristesses. Un indispensable du blues.

Muddy Waters, *His Best 1947 to 1956.*
Les mélomanes curieux plongeront dans la meilleure période blues du maître de l'écurie Chess. On y entend les plus grands classiques, *Rollin'Stone, Long Distance Call, Hoochie Coochie Man*...

Memphis Slim/Canned Heat, *Memphis Heat,* Polydor, 1974.
Au piano, Memphis Slim chante son vrai blues, assisté par le groupe Canned Heat et les Memphis Horns. Des blues lents aux envolées swing, cet album, enregistré en France, dispense de bien belles chaleurs.

Muddy Waters, *Hard Again / I Am Ready / King Bee*, 1977/1978/1981.
Sous l'impulsion du bluesman albinos Johnny Winter, le grand Muddy Waters a réenregistré ses classiques. Ces trois albums contiennent pas mal de perles, du célèbre *Mannish Boy* à *Deep Down In Florida* #2. On y trouve évidemment une partie de l'école Waters dernière génération (James Cotton, Bob Margolin...), Johnny Winter bien sûr qui apporte sa sonorité de Blanc halluciné derrière le timbre chaleureux de Muddy et enfin cette armada d'harmonicas dont les musiciens tirent le maximum. Des rencontres extraterrestres pleines de puissance et de folie.

John Lee Hooker, *It Serve You Right To Suffer,* Impulse, 1965.
Installé à Detroit, John Lee Hooker est un voisin de Chicago. Le rythme lancinant, obsessionnel, de *Shake It Baby*, les motifs de guitare qui insistent, se répètent, font de cet album un objet hypnoptique. Quand le blues rejoint les pulsions africaines.

Luther Allison, *The Motown Years 1972-1976,* Universal.
Jamais Luther ne fut plus tranchant que pendant ces années-là : voix brûlante, rage au cœur, soli coupants. Dans la force de ses trente ans, il secoue violemment les classiques éternels (*Little Red Rooster* ou *Dust My Broom*).

John Lee Hooker, *Boom Boom,* Virgin, 1992.
Hooker a la bonne idée de réenregistrer ici ou là un vieux titre. Entouré de John Hammond junior, Albert Collins, Charlie Musselwhite... le vieux loup a ajouté la puissance à ses blues sauvages, très appuyés (*Trick Bag*). L'un de ses meilleurs albums.

Blues de femmes

Women In Blues, Frémeaux & Associés, 1920-1943.
Les archivistes Frémeaux rassemblent toutes les grandes chanteuses de blues classique d'avant-guerre. Cela va de Mamie Smith, Ma Rainey à Bessie Smith, sans oublier Alberta Hunter, Memphis Minnie et même Billie Holiday.

Big Mama Thornton, *The Original Hound Dog,* Ace.
Ce recueil présente la grande période Peacock (années 50) de Big Mama avec l'inévitable Hound Dog mais aussi d'autres puissants éclats de voix (*I Smell A Rat, Nightmare...*).

Blues californien

Charles Brown, *All My Life,* Bullseye, 1990.
Entre boogie et ballade langoureuse, sur une voix chaude et quelques touches de piano, Charles Brown nous promène dans son blues solaire et mélancolique, typique de cette Californie débordante de sensualité.

Les rois

B.B. King, *Best of/ Volume II,* Ace.
La période 1952-1968 révèle un B.B. King déjà onctueux, influencé par son époque rhythm and blues et jazzy mais apposant sa marque personnelle comme le suggestif *Rock Me Baby,* futur classique.

B.B. King, *Live In Cook County Jail,* MCA, 1971.
B.B. King a séjourné quelques heures derrière les barreaux. Le temps d'offrir à ses frères noirs une musique profonde, classique (*Everyday I Have The Blues, The Thrill Is Gone...*). À noter, pendant l'introduction, la huée terrible qui couvre la voix de la speakerine : elle vient de remercier le directeur de la prison d'avoir accueilli le « roi du blues ».

Freddie King, *King Of The Blues,* EMI.
Ce double CD réunit le meilleur du Freddie King moderne, l'époque Shelter du début des années soixante-dix. *Same Old Blues, Just A Little Bit Big Legged Woman* composent un beau joyau tout en puissance. Quelques classiques sont de la fête dont le fameux *Hide Away*.

Albert King, *Live,* Charly, 1977.
Cet album live, orchestré par le grand Albert King, commence fort avec une reprise de Herbie Hancock, *Watermelon Man*. De grands et beaux blues se succèdent : *Blues At Sunrise* et surtout *As The Years Go Passing By* où s'illustre, dans un solo mémorable d'émotion, le guitariste irlandais Rory Gallagher.

Les Protées du blues

Taj Mahal, *Phantom Blues,* BMG, 1996.
Ce musicien est peut-être le plus grand Protée du blues. Il touche à tout (salsa, blues, soul, musique africaine...). Cet album évoque T-Bone Walker, Ray Charles, Fats Domino. Avec Taj Mahal, on revisite tous les liens qui forment le puzzle de la musique populaire noire américaine.

Charlie Musselwhite, *Continental Drifter,* PointBlank, 1999.
L'harmoniciste américain marie les sonorités mississippiennes aux couleurs cubaines, reprenant même *Chan Chan* de Compay Segundo (sous-titré *Charlie's Blues*). La voix traînante de Charlie, son harmonica blues, les guitares latines et les chœurs cubains du groupe d'Eliades Ochoa forment un cocktail original.

Johnny Copeland, *Jungle Swing,* Verve, 1995.
Naviguant souvent de la blues au soul, Johnny Copeland trouve son ton le plus personnel. Cet album très blues (*Hold On What You Got* et le merveilleux *Blues Ain't Nothing*) baigne dans la lumière africaine, du côté d'*Abidjan* et de la *Jungle*. Certains titres (*Kasavubu*) conservent de bout en bout une énergie élevée pour mener le danseur au bout de la fatigue et de la transe.

Le blues blanc américain

Paul Butterfield Blues Band, *East-West,* Elektra, 1966.
Ce disque ambitieux associe la tradition du blues aux improvisations électriques et mystiques du rock blanc. On s'échappe, on vole, on invente. Paul Butterfield et sa troupe marquent une évolution dans la musique. Les duels de guitare Elvin Bishop/Mike Bloomfield valent le détour.

Canned Heat, *Future Blues,* BGO, 1971.
Harmoniciste, guitariste, compositeur inspiré, le fantasque Alan Wilson crée un blues décalé avec sa voix unitone et ses rythmes variés. Son *London Blues* est un chef-d'œuvre de sobriété et de finesse.

Johnny Winter, *White, Hot And Blue,* Blue Sky, 1978.
Le guitariste albinos a choisi un répertoire peu connu (*Divin Duck* de Sleepy John Estes) et personnel. Ce blues rock blanc très dynamique, parfois planant (*Last Night* de Little Walter Jacobs) aura une influence appréciable sur tous les musiciens à venir.

Le blues blanc anglais

Fleetwood Mac, *In Chicago,* Columbia, 1969.
Le guitariste Peter Green qui se révéla au sein des Bluesbreakers de John Mayall, transporte son groupe à Chicago et y invite Otis Spann, Willie Dixon, Buddy Guy... Résultat : du blues authentique, pur qui fera date.

John Mayall & The Bluesbreakers, *The Best Of,* Silvertone, 1998.
Le maître du blues anglais des années 60 présente une sélection récente de sa production chez Silvertone, ses années quatre-vingt-dix (avec en invité Buddy Guy). Il n'a rien perdu de sa forme ni de sa nostalgie, fidèle à sa patte originale.

Eric Clapton, *Blues,* Universal.
Cette compilation qui rassemble le florilège blues de Clapton pendant les années fin soixante/soixante-dix est un enchantement. Si les Blancs font souvent parler la poudre, le prince Eric libère son émotion, par exemple sur le magnifique *The Sky Is Crying.*

Blues français

Benoît Blue Boy, *Plus tard dans la soirée*, Night And Day, 1992.
L'harmoniciste et ses Tortilleurs lorgnent plutôt du côté du blues cajun. Les paroles sont moins importantes que les intonations et la rythmique. De la musique instinctive.

Patrick Verbeke, *Funky Français*, Odéon.
Griot à la faconde intarissable, Patrick Verbeke nous communique sa passion musicale, gospel, boogie, et nous raconte bien sûr l'histoire du blues avec son cortège de malheurs et d'espoirs.

Bibliographie

Soul Bag, principale revue de blues fondée en 1968 et dirigée par Jacques Perrin, vendue sur abonnement (trimestrielle). C.L.A.R.B. 25, rue Trézel. 92300 Levallois-Perret. Tél : 01.47.57.64.66.

Le Blues moderne depuis 1945, Philippe Bas-Raberin, Albin Michel, 1973.
Depuis sa sortie, ce livre, réédité plusieurs fois, explique l'émergence du blues moderne après la guerre (que ce soit dans la musique ou les paroles), bien décidé à contrer le rhythm and blues et le rock. Un excellent document.

Le Blues, Gérard Herzaft, PUF (« Que Sais-Je ? »), 1981.
Ce petit précis, écrit par un spécialiste qui est aussi musicien et écrivain, analyse les origines du blues et tous ses styles (Delta, côte Est...).

John Lee Hooker, Gérard Herzaft, Éditions du Limon, 1991.
Cette monographie très documentée, agrémentée d'interviews pêchées un peu partout, s'intéresse au cas John Lee Hooker et à son instinct exceptionnel pour surmonter les coups durs.

B.B. King, Sebastian Danchin, Éditions du Limon, 1994.
La collection Mood Indigo nous offre cette très bonne bio du grand B.B. King, le guitariste au look débonnaire devenu le symbole de la réussite du blues.

Nothing But The Blues, Lawrence Cohn (introduction de B.B. King), Abbeville Press, 1994.
Ce livre somptueux retrace l'historique du blues, raconte ses thèmes et ses figures illustres avec de superbes photos. Le mélomane spécialiste comme le profane curieux y trouvent leur plaisir. Achat indispensable malgré son prix (près de 300 francs).

Les Incontournables du blues, sous la direction de Philippe Bas-Raberin, Filipacchi, 1994.
Cet ouvrage contient les portraits des principaux animateurs du blues écrits par les meilleurs spécialistes (Jacques Demêtre, Gérard Herzaft...).

Voyage au pays du blues 1959, Jacques Demêtre/Marcel Chauvard, CLARB, 1994.
L'association CLARB a eu la bonne idée d'éditer le célèbre reportage aux États-Unis de nos deux aventuriers mélomanes, paru à l'époque dans le journal *Jazz Hot*. Un témoignage émouvant.

Muddy Waters, Francis Hofstein, Actes Sud, 1996.
Cette biographie du maître du blues moderne, un peu trop vite expédiée, contient malgré tout pas mal de bonnes anecdotes.

Sur la route de Janis Joplin, Jeanne Martine Vacher, Seuil, 1998.
L'auteur, parti sur les traces de la blueswoman texane (de son pays natal jusqu'en Californie), rencontre la sœur, Laura Joplin, les amis et musiciens de la chanteuse. Un travail journalistique remarquable.

Fiction

Indian Blues, Sherman Alexie, Albin Michel, 1996.
Sherman Alexie, l'un des meilleurs représentants de la jeune génération littéraire américaine a souvent pris le blues comme sujet principal. Cela donne des romans hantés et lyriques.

Un long Blues en *la* mineur, Gérard Herzaft, Gallimard, 1995.
Le musicologue et grand spécialiste Gérard Herzaft est aussi romancier. Il raconte ici une belle initiation au blues.

Sites Internet

Il existe des milliers de sites Internet dédiés au blues. Nous n'en citerons que deux, dont la vertu essentielle est de renvoyer, par des listes impressionnantes de liens, à des spots plus spécialisés, classés par époques, styles, régions, artistes, labels, radios, fanzines... un vrai trésor !

Blues World www.bluesworld.com/
The Blue Highway www.thebluehighway.com/

Table

DANS LA MÊME COLLECTION

Les Beatles - n° 324
par François Ducray

Le blues - n° 359
par Stéphane Koechlin

Bowie - n° 266
par Nicolas Ungemuth

Georges Brassens - n° 295
par Florence Tredez

Coltrane - n° 267
par Pascal Bussy

Miles Davis - n° 307
par Serge Loupien

Jacques Dutronc - n° 343
par Michel Leydier

Gainsbourg - n° 264
par François Ducray

Jimi Hendrix - n° 342
par Olivier Nuc

Billie Holiday - n° 358
par Luc Delannoy

Bob Marley - n° 278
par Francis Dordor

Les musiques celtiques - n° 294
par Emmanuelle Debaussart

Les musiques cubaines - n° 279
par François-Xavier Gomez

Le raï - n° 348
par Bouziane Daoudi

La techno - n° 265
par Guillaume Bara

Charles Trenet - n° 306
par Pascal Bussy

Librio
Le livre à 10 F
359

Composition Euronumérique
Achevé d'imprimer en Europe
à Pössneck (Thuringe, Allemagne)
en mars 2000 pour le compte de E.J.L.
84, rue de Grenelle 75007 Paris
Dépôt légal mars 2000

Diffusion France et étranger : Flammarion